달달 읽고 곰곰 생각하는

달콤한
문해력 기본서

5~6학년, 예비 중1 추천

초등
6단계
B

문해력은 글을 읽고 쓰는 기초 능력이자

글을 이해하고 분석하고 비판하고 문제를 해결하는 고도의 능력입니다.

그래서 기본기 없이는 문해력을 갖기 어렵습니다.

그렇다면 문해력의 기본기를 탄탄하게 하기 위해서는 무엇을 해야 할까요?

바로 글을 이루는 기본 단위부터 글을 정교하게 읽는 방법까지

개념 하나하나를 익히고, 그 개념들을 엮고 활용하는 훈련을 해야 합니다.

달곰한 문해력 기본서를 한 학년 동안 익히면 40개의 개념 퍼즐을 맞추게 되고,

전 학년 익히면 200개의 개념 퍼즐을 완성하게 됩니다.

그러면 우리가 상상하는 것보다 더 근사하고 굉장한 힘인 '문해력'을 갖게 될 것입니다.

문해력, 왜 필요한가요?

한 번 읽었던 지문은 이해도 잘 되고, 문제도 잘 풀어요.
그런데 다른 과목처럼 실력이 쌓이는 것 같지 않아요.
새로운 글을 읽을 때마다 다시 처음부터 시작이에요.

지금, 문해력의 기본을 익혀야 합니다.

용어만 다를 뿐 독해력과 문해력은 같은 것 아닌가요?

국어 공부뿐만 아니라 다른 과목의 학습을 위해서 둘 다 꼭 필요한 능력이지만 분명한 차이가 있습니다.

독해력	문해력
• 글을 읽고 이해하는 능력 • 글의 정보를 이해하고 이를 바탕으로 다양한 문제를 풀고 표현하는 능력	• 글을 읽고 이해하고, 분석하고, 표현하는 능력 • 글의 정보를 이해하고 글 속에 담긴 의도와 맥락을 분석하고 비판하는 능력

시험이 목표라면 독해력을 향상시키는 연습이 더 중요할 것이고,
국어 실력 향상이 목표라면 문해력으로 기본기를 탄탄히 다져야 합니다.

문해력인데 왜 교과서 개념으로 익혀요?

국어 교과서

• 말하고, 듣고, 읽고, 쓰는 활동을 배우는 과목
• 다른 과목의 내용까지 읽고 이해할 수 있도록 문해력 향상의 기본이 되는 과목

어떤가요?

문해력의 기본은 교과서 개념으로 다져야겠지요?

문해력 기본서는 일석삼조(一石三鳥)가 됩니다.

문해력의 기본을 익힌다

각 학년의 교육 과정에 있는 국어 교과서 개념을 다루어서 교과서 개념 학습을 따로 할 필요가 없습니다.	다른 과목의 자료를 읽고 이해하며 학습한 것에 대한 수행 평가를 하는 데에도 큰 도움이 됩니다.	다양한 글을 비판적으로 분석하고 표현하는 능력은 중고등학교 학업 성과를 높이는 단단한 기초가 됩니다.

"달콤한 문해력 기본서와 함께 문해력 공부를 시작해 보세요"

문해력은 아이들의 미래를 결정짓는 가장 중요한 능력 중 하나입니다. 현대 사회에서 문해력은 단순히 글자를 읽고 쓰는 수준에 그치지 않고, 다양한 정보를 이해하고 분석하며, 자신의 생각을 논리적으로 표현하는 능력으로 확장되고 있습니다. 문해력은 **우리 아이들이 사회의 주역으로 성장하는 데 반드시 갖추어야 할 필수적인 능력인 것입니다.**

언론을 통해 문해력 저하를 우려하는 뉴스와 기사들을 종종 접합니다. 학교 현장에서 아이들을 가르치는 선생님들도 초등학생의 문해력 저하 현상을 실제로 체감하고 있습니다. 뿐만 아니라 다양한 연구 결과에서 문해력 저하와 관련된 지표들이 보고되고 있습니다. 교육 당국에서는 초등학생의 문해력 신장을 위해 다양한 정책을 추진하고 있습니다.

이런 흐름 속에 '달콤한 문해력 기본서' 시리즈가 우리 소중한 아이의 문해력 향상을 목표로 출판되었습니다. 달콤한 문해력 기본서는 **초등 학교 국어 교과서에서 제시하는 기본 개념을 좋은 글과 함께 익힐 수 있도록 구성**되었습니다.

달콤한 문해력 기본서가 우리 아이의 문해력 향상에 큰 도움을 줄 것이라고 생각합니다.

문해력은 아이들이 잠재력을 최대한 발휘하면서 행복한 삶을 살아가는 데 필수적인 능력입니다.
우리 아이들이 스스로 생각하고 판단하며 세상과 소통할 수 있도록,
지금부터 달콤한 문해력 기본서와 함께 문해력 향상을 위한 노력을 시작해 보세요.

추천사 **방은수 교수님**

100명의 검토 교사 명단

신건철	서울구로초등학교	공은혜	서울보라매초등학교	이내준	서울신곡초등학교	홍현진	삼은초등학교	박장호	신곡초등학교
조민의	서울봉현초등학교	양수영	서울계남초등학교	전채원	인천봉수초등학교	박병주	김천동부초등학교	이상명	검산초등학교
박소연	서울연가초등학교	조원대	글빛초등학교	김 솔	양서초등학교	김희진	보름초등학교	윤지현	서울대치초등학교
김광희	인천연안초등학교	김나영	대전반석초등학교	정선우	대구하빈초등학교	김성신	수현초등학교	조보현	성산초등학교
김성혁	서울가인초등학교	이화수	인천용학초등학교	안기수	관호초등학교	김효주	현동초등학교	정진희	다솜초등학교
선주리	송운초등학교	길수정	천안삼거리초등학교	이용훈	군서초등학교	강수민	대전변동초등학교	최흥섭	대구한실초등학교
서미솔	서울우이초등학교	박은솔	샘말초등학교	최이레	구미원당초등학교	김유나	인천완정초등학교	박한슬	부곡중앙초등학교
김은영	서울신상계초등학교	이상권	인천백석초등학교	구창성	대구월곡초등학교	김석민	인천부평서초등학교	이상은	세종도원초등학교
박원영	서울도림초등학교	정대준	서울가동초등학교	김재성	수현초등학교	박기병	청원초등학교	한동희	대구세천초등학교
최보민	인천해서초등학교	박다솔	신일초등학교	오인표	인천새말초등학교	이기쁨	천안성성초등학교	이영진	신곡초등학교
차지혜	서울누원초등학교	양성남	새봄초등학교	이석민	상탄초등학교	정하준	천안성성초등학교	노희창	문산동초등학교
이근영	서울대방초등학교	백신형	서울증산초등학교	이경희	남양주월산초등학교	배민지	미사초등학교	정민우	참샘초등학교
윤우덕	서울가인초등학교	김나현	인천당산초등학교	김동희	청옥초등학교	허영수	구미신평초등학교	박혜란	수양초등학교
정혜린	서울구룡초등학교	조상희	남양주월산초등학교	이서영	신현초등학교	최흥섭	대구한실초등학교	정금향	한가람초등학교
김일두	성복초등학교	이동민	구미봉곡초등학교	최병호	인천장수초등학교	이동훈	서경초등학교	조소희	참샘초등학교
이혜경	개정초등학교	정광호	아름초등학교	김연상	하안북초등학교	박빛나	목포옥암초등학교	배장헌	구미인덕초등학교
이지현	서울석관초등학교	최지연	서울원명초등학교	조예진	부천중앙초등학교	심하루	세종도원초등학교	김규연	금란초등학교
박다빈	서울연초초등학교	이정민	부천대명초등학교	정혜란	서울행현초등학교	이연정	서울길동초등학교	김고운	구미신평초등학교
김성은	서울역촌초등학교	김성현	인천용학초등학교	서정준	인천부평서초등학교	윤미정	차산초등학교	정요원	갈매초등학교
이지윤	대구새론초등학교	심지현	시흥월곶초등학교	김효주	현동초등학교	이호석	운정초등학교	조민정	다산새봄초등학교

이 책의
구성과 특징

1 개념 사전

그림으로 개념을 한눈에 이해하고, 꼭 알아야 할 교과 개념을 익혀요.

2 개념 확인

짧은 글에서 개념을 찾아보는 연습을 해 보세요.

3 긴 글 읽기

[1회독] 막연하게 읽지 말고 지문에 따른 읽기 방법을 적용해서
읽어 보세요.

4 구조 읽기

읽은 내용을 구조화하여 정리해 보세요.
[2회독] 정리가 잘 안 되면 다시 한 번 지문을 꼼꼼하게 읽어요.

5 꼼꼼한 이해

어휘, 글의 정보 등 글의 사실적인 내용을 확인해 보세요.

6 개념의 적용

앞에서 배운 개념이 글에 어떻게 적용되어 있는지 확인해 보세요.

7 생각과 판단

글의 의도, 내용의 옳고 그름 등 추론과 비판 활동을 해 보세요.

8 생각 펼치기

글을 읽고 이해한 자신의 생각을 글로 표현해 보세요.

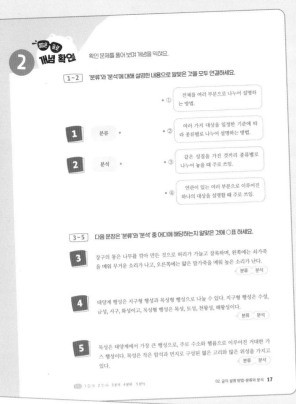

달곰한 문해력 기본서의 3회독 학습법

1 회독
글의 내용을 파악하며 읽기

+ 글의 특성에 따른 읽기 전략 제공
+ 읽기 전략에 따라 교재의 본문에 메모하며 읽으세요.

2 회독
다시 한 번 꼼꼼하게 읽기

+ 빠르게 읽기는 읽기 방법이 완성된 뒤에 해도 늦지 않아요.
+ 내용 정리가 어려울 때는 다시 한 번 본문 내용을 메모하며 읽어요.

3 회독
자신만의 읽기 방법 만들기

+ **정답 및 해설**의 읽기 예시와 내가 메모한 내용을 비교해 가며 자신만의 읽기 방법을 만들어요.

차례

1⁺ 주차에서 우리는

01 시의 **함축**과 **상징**

개념
사전

글쓴이는 짧은 글로 자신의 정서와 생각을 표현하기 위해 함축이나 상징과 같은 표현 기법을 사용해요. 이와 같은 표현 기법이 사용된 시를 읽으면 표현에 담긴 의미를 다양하게 해석할 수 있어 작품의 의미가 풍부해지고, 작품을 깊이 있게 감상할 수 있어요.

→ **함축** 어떤 낱말이나 대상이 사전적 의미 이외에 문맥 속에서 여러 가지 뜻을 암시하거나 포함하고 있는 것.

→ **상징** • 말로 설명하기 힘든 추상적인 것을 구체적인 사물로 나타내는 표현 방법.
  • 예를 들어 네잎클로버는 행운을, 비둘기는 평화를 상징하는데, 사전에 나온 뜻이 아닌 전혀 다른 의미를 담고 있음.

확인 문제를 풀어 보며 개념을 익혀요.

1~2 다음에서 설명하는 내용으로 알맞은 것을 연결하세요.

1 사전적 의미 이외에 문맥 속에서 만들어진 뜻도 담고 있는 것. · · ① 상징

2 말로 설명하기 힘든 추상적인 사실이나 생각, 느낌 등을 구체적인 사물로 나타내는 표현 방법. · · ② 함축

3~6 다음 괄호 안에 들어갈 말로 알맞은 것에 ○표 하세요.

3 '바늘 도둑이 소도둑 된다'라는 속담에서 '바늘 도둑'은 '작은 나쁜 짓'을 (함축 , 상징)하고 있다.

4 전쟁 때 맹활약을 한 통신용 비둘기가 평화를 (함축 , 상징)하게 되면서 이후로 각종 올림픽, 축제, 행사 등에 흰 비둘기가 등장하게 되었다.

5 태극기에서 태극 문양은 음과 양의 조화를 (함축 , 상징)하는 것으로, 우주 만물이 음양의 조화로 인해 생명을 얻고 발전한다는 대자연의 진리를 표현한 것이다.

6 "밥은 먹었니?"라는 질문에 "아니요, 피자 먹었어요."라고 대답한 것은 '밥'에 담긴 (함축 , 상징)적 의미를 바르게 이해하지 못한 것이다.

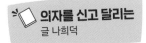

의자를 신고 달리는
글 나희덕

하늘의 ▢ 따기

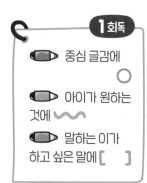

1회독

⬤ 중심 글감에 ○

⬤ 아이가 원하는 것에 〜

⬤ 말하는 이가 하고 싶은 말에 [   ]

— 엄마, 저 ㉠별 좀 따 주세요.

저기, 저 별 말이지?
초승달 가장 가까이서 반짝이는 ㉡별.

물론 따 줄 수는 있어.
나무 열매를 따듯
또옥, 별을 따 줄 수는 있어.

그런데 말야.
하늘에 저렇게 별이 많은 건
사람들이 참았기 때문이야.
따고 싶어도 모두들 꾹 참았기 때문이야.

— 그래도 ㉢하나만 따 주세요.

지금부터 눈을 꼬옥 감고 열을 세렴.
엄만 다 방법이 있거든.

— ㉣하나, 두울, 셋, 넷, 다섯, 여섯, 일곱, 여덟, 아홉, 열!

이제 눈을 떠 봐.
자아, 별!

— 에이, 이건 ㉤돌이잖아요.

거봐, 별은 땅에 내려오는 순간
이렇게 **시들어** 버리지.

별을 손에 쥐고 싶어도
사람들이 참고 또 참는 것은 그래서란다.

● **시들다** 기술이나 재능 등이 피어나지 못하고 빛을 잃어 스러져 가다.

구조 읽기 빈칸에 알맞은 낱말을 써넣으며 내용을 정리해 보세요.

정답 및 해설 4쪽

| 아이 | 엄마에게 ❶ ㅂ 을 따 달라고 부탁함. |

⬇

| 엄마 | 하늘에 별이 많은 건 사람들이 따고 싶어도 모두들 꾹 참았기 때문이라고 말함. |

⬇

| 아이 | 그래도 하나만 따 달라고 부탁함. |

⬇

| 엄마 | 눈을 감고 열을 센 뒤 눈을 떠 보라고 함. |

⬇

| 아이 | 엄마에게 ❷ ㄷ 을 받음. |

⬇

| 엄마 | 별은 땅에 내려오는 순간 시들어 버려서 사람들이 별을 ❸ ㅅ 에 쥐고 싶어도 참는 것이라고 말함. |

2 회독 빈칸을 채우지 못했다면 다시 꼼꼼히 읽어요!

01. 시의 함축과 상징 **13**

1 이 시 제목의 빈칸에 들어갈 낱말로 알맞은 것에 ○표 하세요.

하늘의 (돌 , 별 , 초승달) 따기

2 ㉠~㉤ 중 가리키는 것이 <u>다른</u> 하나의 기호를 쓰세요.

(   )

3 이 시에 나온 '별'에 담긴 함축적 의미로 알맞은 것은 무엇인가요?   (   )

① 바라보기만 해도 쉽게 시드는 것
② 손에 쥐고 있으면 단단해지는 것
③ 간절히 원하지만 참아야 하는 것
④ 달처럼 크기나 모양이 계속 변하는 것
⑤ 나무 열매처럼 익어야만 딸 수 있는 것

4 이 시를 통해 말하는 이가 하고자 하는 말로 알맞은 것은 무엇인가요?

(   )

① 사람들은 쓸데없는 욕심을 자주 부린다.
② 할 수 있는 일과 없는 일을 구별할 줄 알아야 한다.
③ 불가능한 일을 깨닫기 위해 실패해 보는 경험이 중요하다.
④ 원하는 일을 이루기 위해서는 다양한 시도를 해 보아야 한다.
⑤ 가지려 애쓰지 말고 그 자리에 두고 보아야 가치 있는 것이 있다.

5 보기와 이 시의 내용을 잘못 연결하여 감상한 친구의 이름에 ○표 하세요.

┤ 보기 ├

　국립 중앙 박물관의 '기증관'에는 그림, 공예품, 가구 등 수많은 우리 문화유산이 전시되어 있다. 이 문화유산은 모두 기증된 것으로, 국립 중앙 박물관 홈페이지에서는 기증자들이 자신에게도 무척 소중한 문화유산을 기증하기로 결심하게 된 사연을 소개하고 있다. 이들의 큰마음 덕분에 우리도 문화유산이 간직한 역사를 연구하고 즐길 수 있게 되었다.

보기의 문화유산을 시에 나온 '별'에 빗대어 생각할 수 있을 것 같아. 문화유산은 아름답고 귀해서 내 손에 쥐고 싶은 물건이야.

한들

시에서 '하늘에 저렇게 별이 많은 건 사람들이 참았기 때문'이라고 했어. **보기**의 기증자들 역시 문화유산을 내 것으로 소유하기보다 나눔의 가치를 실현하면서 문화유산이 있어야 할 자리에서 더 빛을 낼 수 있도록 하였어.

준우

엄마가 결국 하늘의 별을 딴 것처럼 가치 있는 문화유산은 꼭 내 손에 넣을 수 있도록 최선을 다해 노력하는 태도가 필요하다는 교훈을 얻을 수 있어.

예슬

이 시에 쓰인 '별'과 속담에 쓰인 '별'은 둘 다 하늘에 떠 있는 '별'이지만 사전적 의미 이외에 각각 다른 뜻을 담고 있어요.

6 이 시의 제목과 같은 다음 속담의 뜻을 읽어 보고, 이 시와 속담에 쓰인 '별'의 함축적 의미를 비교하여 써 보세요.

• 하늘의 별 따기
　➡ 무엇을 얻거나 성취하기가 매우 어려운 경우를 비유적으로 이르는 말.

02 글의 설명 방법-분류와 분석

날아다니는 곤충 분류

벌목 (벌, 개미)	나비목 (나비, 나방)	파리목 (파리, 모기)

벌의 생김새 분석

머리　가슴　배

개념
사전

　　분류는 글에서 설명하고자 하는 대상을 종류에 따라 갈라놓아 이해하기 쉽도록 하고, 분석은 내용이 얽혀 있거나 복잡한 것을 세부적으로 나누어 알기 쉽게 설명해 주어요.

✦**분류** • 여러 가지 대상을 일정한 기준에 따라 종류별로 나누어 설명하는 방법.
　　　• 같은 성질을 가진 것끼리 종류별로 나누어 놓을 때 주로 쓰임.

✦**분석** • 전체를 여러 부분으로 나누어 설명하는 방법.
　　　• 연관이 있는 여러 부분으로 이루어진 하나의 대상을 설명할 때 주로 쓰임.

개념 확인

확인 문제를 풀어 보며 개념을 익혀요.

1~2 '분류'와 '분석'에 대해 설명한 내용으로 알맞은 것을 모두 연결하세요.

① 전체를 여러 부분으로 나누어 설명하는 방법.

② 여러 가지 대상을 일정한 기준에 따라 종류별로 나누어 설명하는 방법.

③ 같은 성질을 가진 것끼리 종류별로 나누어 놓을 때 주로 쓰임.

④ 연관이 있는 여러 부분으로 이루어진 하나의 대상을 설명할 때 주로 쓰임.

1 분류

2 분석

3~5 다음 문장은 '분류'와 '분석' 중 어디에 해당하는지 알맞은 것에 ○표 하세요.

3 장구의 통은 나무를 깎아 만든 것으로 허리가 가늘고 잘록하며, 왼쪽에는 쇠가죽을 메워 무거운 소리가 나고, 오른쪽에는 얇은 말가죽을 메워 높은 소리가 난다.

분류 　 분석

4 태양계 행성은 지구형 행성과 목성형 행성으로 나눌 수 있다. 지구형 행성은 수성, 금성, 지구, 화성이고, 목성형 행성은 목성, 토성, 천왕성, 해왕성이다.

분류 　 분석

5 목성은 태양계에서 가장 큰 행성으로, 주로 수소와 헬륨으로 이루어진 거대한 가스 행성이다. 목성은 작은 암석과 먼지로 구성된 얇은 고리와 많은 위성을 가지고 있다.

분류 　 분석

정답 1 ②,③ 2 ①,④ 3 분석 4 분류 5 분석

02. 글의 설명 방법-분류와 분석 **17**

불감

1회독

🔖 설명 대상에 ○

🔖 분류의 설명
방법을 사용한 문단에 〰️

🔖 분석의 설명
방법을 사용한 문단에
[ ]

1 불감이란 불상을 모시기 위해 일반적인 건축물보다 작은 규모로 만든 불당으로, 불상을 모신 전각을 축소하여 정교하게 만든 것이다. 따라서 불감은 제작 당시의 불상에 대한 정보뿐만 아니라 건축 양식에 대해서도 알 수 있는 중요한 문화유산이다. 불감은 아주 작게 만들어져서 스님이 이동하면서 **불공**˚을 드릴 때 사용하거나, 실내를 장식하는 데에 쓰였다.

▲ 순천 송광사 목조삼존불감

▲ 부산 범어사 목조팔각불감

▲ 구례 천은사 금동불감

2 불감은 원통형, 팔각형, **불전**˚ 축소형 등 여러 형태를 가진다. 먼저 순천 송광사 목조삼존불감은 여닫이문을 닫으면 원통이 되는 형태로 원통형이며, 부산 범어사 목조팔각불감은 이름에서 나타나는 것처럼 기본 형태가 팔각형이다. 구례 천은사 금동불감은 불전을 그대로 축소한 불전 축소형이라고 할 수 있다. 또한 불감은 재료로도 나누어 설명할 수 있는데, 순천 송광사 목조삼존불감과 부산 범어사 목조팔각불감은 나무로, 구례 천은사 금동불감은 금동으로 되어 있다. 불감은 이동할 수 있도록 작은 규모로 만드는 것이 보통이나 돌로 만든 화순 운주사 석조불감은 이동의 목적보다는 건물 밖에 불상을 모신 **감실**˚의 대표적인 예이다.

● **불공**(佛 부처 불, 供 이바지할 공) 부처 앞에 음식을 바치고 절하고 기도를 드림.

● **불전**(佛 부처 불, 殿 큰 집 전) 부처를 모신 집.

● **감실**(龕 감실 감, 室 집 실) 법 당의 부처를 모신 자리 위에 만들어 다는 집 모형.

▲ 화순 운주사 석조불감

3 위의 불감들 중 순천 송광사 목조삼존불감은 통일 신라 말에서 고려 시대 초기에 만들어진 것으로 짐작된다. 순천 송광사 목조삼존불감의 전체 높이는 13cm, 양쪽의 문을 다 열었을 때의 너비는 17cm이다. 가운데 방을 중심으로 양쪽의 문을 열었다 닫았다 할 수 있는 구조로 되어 있어 세 부분으로 나뉜다. 문을 닫으면 윗부분은 둥근 기둥 모양이 된다. 가운데 큰 공간에는 연꽃무늬가 새겨진 **대좌**˙ 위에 석가모니가 앉아 있다. 석가모니는 왼손은 무릎 위에 놓고서 법의의 끝을 잡고 있고 오른손을 어깨높이로 들고 있는 자세를 하고 있다. 오른쪽 방에는 실천을 통해 **자비**˙를 나타낸다는 보현보살이 코끼리가 새겨진 대좌 위에 모셔져 있다. 왼쪽 방에는 지혜를 상징하는 문수보살이 연꽃 가지를 들고 사자가 새겨진 대좌 위에 서 있다.

4 순천 송광사 목조삼존불감은 크기는 작지만 독립적인 형태를 가진 것으로, 정교하고 뛰어난 조각 기술을 자랑하는 국내에 남아 있는 몇 안 되는 불감이다. 또한 세부 장식과 얼굴 표현 등에서는 인도의 영향을 받은 듯 **이국적**˙인 면이 보이고, 불감의 양식이나 구조에서는 중국 당나라의 특징을 발견할 수 있다. 이처럼 다양한 국가의 영향을 받은 불감은 매우 희귀한 예로 그 가치가 높다.

- **대좌**(臺 돈대 대, 座 자리 좌) 불상을 올려놓는 대.
- **자비**(慈 사랑할 자, 悲 슬플 비) 남을 사랑하고 가엾게 여김. (불교에서) 중생에게 즐거움을 주고 괴로움을 없게 함.
- **이국적**(異 다를 이, 國 나라 국, 的 과녁 적) 자기 나라가 아닌 다른 나라의 특성이 있는 것.

 **구조 읽기** 빈칸에 알맞은 낱말을 써넣으며 내용을 정리해 보세요.

정답 및 해설 (6쪽)

❶ ㅂㄱ	**1**	정의	일반적인 건축물보다 작은 규모로 만든 불당으로, 불상을 모신 전각을 축소하여 정교하게 만든 것.
	2	❷ ㅎㅌ	원통형, 팔각형, 불전 축소형 등
		❸ ㅈㄹ	나무, 금동, 돌 등
순천 송광사 목조삼존불감	**3**	크기와 구조	전체 높이는 13cm, 너비는 17cm이고, 세 부분으로 나뉘어 가운데 방을 중심으로 양쪽의 문을 열었다 닫았다 할 수 있는 구조임.
	4	가치	정교하고 뛰어난 조각 기술과 이국적인 특징을 가지고 있는 매우 희귀한 예로 그 가치가 높음.

2회독 빈칸을 채우지 못했다면 다시 꼼꼼히 읽어요!

1 이 글에서 설명하고 있는 대상은 무엇인지 다음 표의 빈칸에 각각 쓰세요.

(1) **1**, **2** 문단	(2) **3**, **4** 문단

2 이 글의 내용과 일치하는 것은 무엇인가요? (　　　　)

① 불감은 일반적인 건축물보다 큰 규모로 만들어진 불당이다.

② 화순 운주사 석조불감은 이동의 목적으로 만들어진 것이다.

③ 모든 불감의 형태는 팔각형이며, 재료는 주로 돌로 만들어진다.

④ 우리나라 대부분의 불감은 인도의 영향을 받아 이국적인 면이 보인다.

⑤ 순천 송광사 목조삼존불감 가운데에는 석가모니, 오른쪽에는 보현보살, 왼쪽에는 문수보살이 있다.

3 이 글의 **2**, **3** 문단에 사용된 설명 방법으로 알맞은 것을 바르게 연결하세요.

(1) **2** 문단 ・　　　　　　・① 분석

(2) **3** 문단 ・　　　　　　・② 분류

4 이 글에 나타난 설명 대상의 분류 기준과 분석 내용을 **보기**에서 각각 찾아 쓰세요.

　보기

　　　형태　　　크기　　　재료　　　구조

(1) 분류 기준	
(2) 분석 내용	

5 이 글과 같이 문화유산에 대해 설명하는 글을 쓰려고 합니다. 설명할 내용과 설명 방법을 알맞게 선택하여 말한 친구의 이름에 ○표 하세요.

서연

> 나는 불상에 대해 설명하는 글을 쓰고 싶어. 불상은 자세에 따라 좌상(앉은 자세), 입상(선 자세), 와상(누운 자세)으로 나뉘고, 또 재료에 따라서는 목불(나무), 석불(돌), 철불(철), 금불(금) 등으로 나눌 수 있다고 해. '분류'의 방법으로 불상의 특징을 설명하면 좋을 것 같아.

> 나는 다양한 탑을 조사해서 글을 쓸 예정이야. '분석'의 방법을 사용하려고. 경주에 있는 불국사의 다보탑과 석가탑, 감은사지 동·서 삼층 석탑, 서울에 있는 원각사지 십층석탑 등 지역별로 나누어서 탑의 종류를 소개할 거야.

한들

> 우선 분류 기준을 제시하고, 각 분류 기준에 대한 예로 **보기**의 국가유산을 넣어 설명하는 글을 쓸 수 있어요.

6 다음 국가유산을 분류하는 방법을 참고하여 **보기**의 국가유산을 분류하는 글을 써 보세요.

> ·문화유산: 우리 역사와 전통의 산물로서 문화의 고유성, 겨레의 정체성 및 국민 생활의 변화를 나타내는 유형의 문화적 유산
> ·자연유산: 동물·식물·지형·지질 등의 자연물 또는 자연환경과의 상호 작용으로 조성된 문화적 유산
> ·무형유산: 여러 세대에 걸쳐 내려오며 공동체·집단과 역사·환경의 상호 작용으로 끊임없이 재창조된 무형의 문화적 유산

┤ **보기** ├

김홍도의 씨름도, 구암사의 은행나무, 판소리, 수원 화성, 갓 만드는 법

03 합성어와 파생어

낱말에서 실질적인 뜻을 나타내는 중심 부분을 '어근'이라고 하고, '-꾸러기, 맨-, 덧-, -질'과 같이 다른 낱말에 붙어 새로운 낱말을 만들어 주는 부분을 '접사'라고 해요. 어근과 어근, 어근과 접사가 결합하여 만들어지는 낱말의 짜임을 바탕으로 잘 모르는 낱말의 뜻을 짐작해 보아요.

↳합성어 ・어근과 어근이 결합하여 하나의 낱말이 된 것.

・'봄(어근)+비(어근)', '손(어근)+발(어근)'과 같은 형태의 낱말을 말함.

↳파생어 ・어근에 접사가 결합하여 하나의 낱말이 된 것.

・'장난(어근)+ -꾸러기(접사)', '맨-(접사)+발(어근)'과 같은 형태의 낱말을 말함.

확인 문제를 풀어 보며 개념을 익혀요.

1~4 **다음은 무엇에 대한 설명인지 보기에서 찾아 쓰세요.**

┤ 보기 ├

어근   접사   파생어   합성어

1 다른 낱말에 붙어 새로운 낱말을 만들고 뜻을 더해 주는 부분.

(   )

2 낱말에서 실질적인 뜻을 나타내는 중심 부분. (   )

3 어근에 접사가 결합하여 하나의 낱말이 된 것. (   )

4 어근과 어근이 결합하여 하나의 낱말이 된 것. (   )

5~8 **다음 낱말이 합성어인지 파생어인지 알맞은 것에 연결하세요.**

5 (덧니) •

6 (논밭) •   • ① 합성어

7 (국그릇) •   • ② 파생어

8 (부채질) •

정답 1 접사 2 어근 3 파생어 4 합성어 5 ② 6 ① 7 ① 8 ②

자연의 정교한 디자인 '프랙털'

1회독

● 중심 글감에

● 프랙털 구조의 정의에 ～～

● 프랙털 구조의 특징을 설명한 부분에 [   ]

㉠나무뿌리를 자세히 관찰한 경험이 있는가? 여러 개의 선이 아무렇게나 쭉쭉 뻗어 있는 것 같지만, 자세히 살펴보면 뿌리들이 서로 연결된 ㉡모습이 비슷한 **형태**˚로 반복되고 있다는 것을 알 수 있다. 또한 뿌리 일부분을 확대한 모습과 뿌리의 전체적인 모습이 비슷하다는 것도 발견할 수 있다. 이런 형태는 골짜기에 흐르는 물줄기, 나뭇가지가 뻗은 모습, 먹구름에서 ㉢번개가 칠 때의 모습 등 자연 속에서 다양하게 찾아볼 수 있다. 심지어 우리 몸속 핏줄도 큰 혈관이 계속해서 작은 혈관으로 나뉘어 가는 구조로 되어 있는데, 이들은 ㉣잔뿌리가 나무 전체 뿌리의 모습을 닮은 것처럼 부분이 전체와 닮은 모습을 하고 있다.

▲ 번개가 칠 때 보이는 프랙털 구조

위의 예시와 같이 작은 구조가 반복되어 전체를 이루는 것을 프랙털(fractal) 구조라고 한다. 프랙털 구조는 '자기 유사성'과 '순환성'을 특징으로 한다. '자기 유사성'은 부분이 전체를 닮았다는 뜻으로, 어떤 부분을 보더라도 전체와 비슷한 모양을 하고 있는 성질이다. 또 '순환성'은 이런 자기 유사성이 계속 반복된다는 것을 뜻한다. 프랙털 구조에서는 모든 부분이 전체의 형태를 닮은 규칙을 반복하여 모양을 만들기 때문에, 어떤 부분이나 전체를 보아도 비슷한 모습을 관찰할 수 있다. 우리 눈에는 무질서해 보였지만, 자연 곳곳에는 프랙털 구조가 숨어 있었던 것이다. 이와 같이 자연의 근본적인 구조에 대한 이해를 바탕으로 자연의 특징을 더 깊이 이해할 수 있다.

이렇듯 신비한 프랙털 구조는 우연히 만들어진 것이 아니다. 그 속에는 **효율**˚의 법칙이 숨어 있다. 예를 들어 인간의 폐를 생각해 보자. 폐가 최대한 많은 산소를 효율적으로 흡수하기 위해서는 최대한 많은 핏줄이 있어야 한다. 따라서 폐에서 큰 혈관은 아주 얇은 실핏줄이 될 때까지 계속해서 프랙털 구조를 반복하며 뻗어 나간다. 이 구조 덕분에 폐는 한 번의 호흡으로도 충분한 양의 산소를 몸에 **공급할**˚ 수 있다. 골짜기에 흐르는 ㉤개울도 마찬가지다. 물은 최대한

- **형태**(形 형상 형, 態 모양 태) 일정한 구조를 갖춘 모양.

- **효율**(效 본받을 효, 率 율 율) 들인 노력과 얻은 결과의 비율.

- **공급**(供 이바지할 공, 給 줄 급)**하다** 필요에 따라 물품 등을 주다.

돌아가지 않아도 되는 최적의 길을 찾아 흘러가고, 그것이 물줄기의 모양이 된다. 번개가 칠 때도 공기 중 **저항**˙이 가장 적은 곳으로 전자가 흘러간다. 이처럼 자연에서 효율성을 극대화하는 과정에 프랙털 구조가 나타나는 것이다.

현대 사회에서는 이런 프랙털 구조를 다양한 분야에서 **응용하여**˙ 활용한다. 과학 분야에서는 날씨, 생태학, 지질학, 의학 등에서 복잡한 현상을 하나의 모델로 만들고 이해하는 데 사용한다. 예를 들어 프랙털 구조를 통해 구름의 가장자리와 내부 구조를 파악하여 날씨를 예측하고, 생태계의 복잡성을 분석하고, 산과 계곡 등의 지질 구조와 지진 패턴을 분석하고, 의학에서는 신경, 혈류, 세포의 성장 등을 연구한다. 또한 경제학 분야에서는 주식 시장의 복잡한 **동향**˙을 분석하고 불안정하게 변화하는 금융 시스템을 예측하는 데 프랙털 분석을 활용한다. 심지어 예술과 디자인 분야에서도 아름다운 형태와 패턴을 창조하기 위해 프랙털 구조가 다양하게 활용된다.

- **저항**(抵 거스를 저, 抗 막을 항) 어떤 힘에 굽히지 않고 맞서 버팀.
- **응용**(應 응할 응, 用 쓸 용)**하다** 어떤 이론이나 지식을 구체적 사례나 다른 분야의 일에 적용하여 이용하다.
- **동향**(動 움직일 동, 向 향할 향) 사람이나 일이 움직여 가는 방향.

 **구조 읽기** 빈칸에 알맞은 낱말을 써넣으며 내용을 정리해 보세요.

정답 및 해설 8쪽

자연에서 찾을 수 있는 프랙털 구조의 예시	❶ ㅈ ㅇ 곳곳에는 부분이 전체와 닮은 모습을 한 예가 많음.
프랙털 구조의 뜻과 특징	❷ ㅍ ㄹ ㅌ 구조는 작은 구조가 반복되어 전체를 이루는 것으로, '자기 유사성'과 '순환성'을 특징으로 함.
프랙털 구조에 담긴 법칙	프랙털 구조는 우연히 만들어진 것이 아니고, 자연에서 ❸ ㅎ ㅇ ㅅ 을 극대화하는 과정에 나타나는 것임.
프랙털 구조의 활용	과학 분야, 경제학 분야, 예술과 디자인 분야 등 현대 사회의 다양한 분야에서 프랙털 구조를 응용하여 활용함.

2 회독 빈칸을 채우지 못했다면 다시 **꼼꼼히** 읽어요!

1 이 글을 읽고 알 수 있는 내용이 <u>아닌</u> 것은 무엇인가요? (   )

① 프랙털 구조의 특징
② 프랙털 구조를 응용하여 활용하는 분야
③ 프랙털 구조라는 용어를 처음 사용한 사람
④ 자연에서 찾아볼 수 있는 프랙털 구조의 예
⑤ 인간의 몸에서 찾아볼 수 있는 프랙털 구조의 예

2 다음 내용은 프랙털 구조의 무엇을 설명하기 위한 것인가요? (   )

> • 폐가 최대한 많은 산소를 흡수하도록 많은 핏줄이 뻗어 있다.
> • 골짜기의 물은 최대한 돌아가지 않아도 되는 최적의 길을 찾아 흐른다.

① 효율의 법칙
② 자기 유사성의 실패
③ 자연과 인간의 관계
④ 자연 현상 예측 방법
⑤ 프랙털 구조의 우연성

3 ㉠~㉤ 중 합성어에 해당하는 것은 무엇인가요? (   )

① ㉠'나무뿌리'
② ㉡'모습'
③ ㉢'번개'
④ ㉣'잔뿌리'
⑤ ㉤'개울'

4 다음 낱말의 짜임에 대한 설명으로 알맞은 것에 ○표 하세요.

(1) '물줄기'는 '물이 한데 모여 개천 등으로 흘러 나가는 줄기.'라는 뜻으로, 어근 '물'과 접사 '줄기'가 결합한 파생어이다. (   )

(2) '먹구름'은 '구름'이라는 낱말에 '검은 빛깔'의 뜻을 더하는 접사 '먹'이 결합하여 '몹시 검은 구름.'이라는 뜻을 가진 파생어이다. (   )

(3) '하나'는 어근 '하'와 어근 '나'가 결합하여 '숫자를 세는 맨 처음의 수.'를 뜻하는 합성어이다. (   )

5 프랙털 구조의 예를 잘못 찾은 친구의 이름에 ○표 하세요.

고사리의 전체적인 잎의 모양이 잎 속의 작은 잎에서 발견되고 또 그 작은 잎 속의 잎이 같은 구조를 반복하고 있었어.

비너스 조각상의 상반신과 하반신의 비가 1 : 1.618인데 이것을 황금 비율이라고 해. 모든 요소가 조화와 대칭을 이루어 보기에 편안한 구조야.

바다 가까이에서 해안선의 일부만 본 모습과 멀리 떨어져서 해안선 전체를 본 모습이 비슷했어. 일부의 모습이 전체를 닮은 것이지.

 승민   지안   준우

6 다음 중 프랙털 구조를 적용하여 그린 그림에 ○표 하세요.

(1) 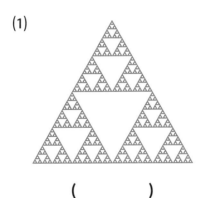 (   )

(2)  (   )

자연에서나 일상생활에서, 또는 예술 작품으로 프랙털 구조를 접했던 경험을 떠올려 보아도 좋아요.

7 프랙털 구조에 대해 새로 알게 된 내용을 바탕으로 생각이나 느낌을 써 보세요.

04 이야기에 반영된 사회·문화적 상황

이야기는 당시의 사회·문화적 상황을 바탕으로 창작되어요. 따라서 작품에 반영된 사회·문화적 상황을 폭넓게 이해하며 글을 읽어야 이야기의 내용이나 글쓴이가 말하고자 하는 중심 생각을 잘 파악할 수 있어요.

+ 이야기에 반영된 사회·문화적 상황

- 사회·문화적 상황은 작품에 직접 드러날 수도 있고, 작품 창작의 시대적 배경이 될 수도 있음.
- 작품에 등장하는 인물이 살아가는 그 당시의 모습이나 인물의 말과 행동, 인물들 간의 관계, 일어나는 사건 등을 통해 사회·문화적 상황이 드러남.

짧은 글로 개념 확인

확인 문제를 풀어 보며 개념을 익혀요.

1~2 **다음 괄호 안에 들어갈 알맞은 말에 ○표 하세요.**

1 사회·문화적 상황은 등장인물이 살아가는 그 당시의 모습이나 (글쓴이 , 인물)의 말과 행동, 인물들 간의 관계, 일어나는 사건 등을 통해 드러난다.

2 작품에 반영된 사회·문화적 상황을 폭넓게 (비판 , 이해)하며 읽어야 한다.

3~5 **다음 이야기에 나타난 사회·문화적 상황으로 알맞은 것을 찾아 연결하세요.**

3 송 대감은 딸만 내리 낳은 본처는 본체만체하고, 첩과 그 아들만 찾았다. 오죽하면 머슴들조차 본처보다는 첩에게 머리를 조아렸다.

① 지구 온난화가 점점 심해지고 있다.

4 바이러스로 인해 학교에서 아이들의 목소리가 더는 들리지 않았다. 거리의 사람들은 모두 마스크를 쓰고 표정을 숨긴 채 바삐 움직였다.

② 첩을 둘 수 있었고, 딸보다 아들이 귀했으며, 집안에 서열이 있었다.

5 지구 온난화로 인한 기후 변화로 여름 기온은 연일 최고점을 찍었고, 거기에 습도까지 더해져 사람들의 짜증도 덩달아 늘어났다. 뉴스에서는 불볕더위로 인한 사고가 잇따라 방송되었다.

③ 바이러스 때문에 사람들은 일상생활을 정상적으로 하지 못했다.

1948년 1월, 남산 스키장

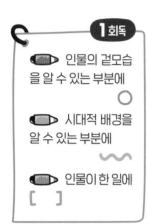

1회독

- 인물의 겉모습을 알 수 있는 부분에 ○
- 시대적 배경을 알 수 있는 부분에 〰
- 인물이 한 일에 [　]

오후가 되자, 선수와 심판들이 농담 반 진담 반으로 '남산 스키장'이라고 부르는 남산 꼭대기에 구경꾼들이 구름처럼 몰려들었다. 정식 스키 대회가 아니었지만 서울 시내 한복판인 데다가 별다른 구경거리가 없었던 탓이다. 눈이 제법 내리지만, 희준은 흩날리는 눈을 가리며 아침 일찍 이곳에 올라왔다. 학창 시절 서울로 수학여행을 왔다가 여기까지 올라오느라 다리가 아파서 죽을 뻔했다는 다른 선수의 얘기를 들었다.

경기가 시작되고 선수들이 순서대로 출발했다. 자신의 순서가 다가오자 희준은 스키복으로 입고 있던 ㉠미군 점퍼의 지퍼를 채우고, 털양말을 바짝 올려 신었다. 까무잡잡한 피부에 축 처진 눈매를 가진 그가 긴장감에 몸을 떨었다. 떨지 말자고 속으로 중얼거렸지만 호흡이 가빠오는 걸 막을 수는 없었다. 희준은 고향인 **청진**˚에서 처음 스키를 접한 이후, 그 속도감에 매료되었다. 3년 전, **태평양전쟁**˚에서 일본이 패배하면서 광복이 불현듯 찾아왔다. 하지만 역설적으로 광복으로 인해 38선이 생기고 북쪽에 소련군이 진주하면서 그는 가족과 함께 고향을 떠나야만 했다. (중략)

스틱을 움켜쥔 그는 아래를 내려다봤다. 몇 년 전까지 사람들이 경건한 마음으로 걸어 올라왔던 ㉡**조선신궁**˚의 계단은 이제 스키 대회를 위한 슬로프로 바뀐 상태였다. 그는 심호흡을 하며 아래를 내려다보다가 중얼거렸다.

"이야! 엄청나게 몰려왔네."

빈 지게를 짊어지고 구멍이 숭숭 뚫린 솜바지를 입은 막일꾼부터 **남바위**˚에 갓을 쓴 노인까지 보였다. 아래쪽은 물론 슬로프 양쪽으로도 구경꾼들이 늘어서 있었다. 일제 강점기부터 20년 넘게 보급되어 왔지만 아직 대다수의 사람들에게 스키는 낯선 운동이었기 때문이다. 희준이 슬로프를 내려다보며 자세를 취하자, 심판이 노란색 깃발을 휘두르며 외쳤다.

"출발!"

순간, 희준은 앞으로 크게 몸을 던지며 바짝 몸을 낮췄다. 몸을 최대한 구부려야 바람의 저항을 덜 받아서 속도가 더 나기 때문이었다. 바람을 가르며 미군 점퍼에서 파르륵거리는 소리가 났다. 양옆에서 구경꾼들이 지르는 소리가 메아리처럼 울리는 가운데 속도가 점점 빨라졌다. 그가 스키에 **매료되었던**˚ 바로 그

- **청진**(淸 맑을 청, 津 나루 진) 함경북도 동북쪽에 있는 시.
- **태평양전쟁**(太 클 태, 平 평평할 평, 洋 큰 바다 양, 戰 싸울 전, 爭 다툴 쟁) 1941년부터 1945년까지 일본과 연합국 사이에 벌어진 전쟁.
- **조선신궁**(朝 아침 조, 鮮 고울 선, 神 귀신 신, 宮 집 궁) 일제 강점기에, 서울 남산에 세운 신사. 1945년 광복 이후 해체되고 소각되었다.
- **남바위** 추위를 막기 위하여 머리에 쓰는 쓰개.
- **매료**(魅 도깨비 매, 了 마칠 료) **되다** 사람의 마음이 완전히 사로잡혀 홀리게 되다.

순간이었다. 복잡한 세상이 사라지고, 오로지 자신과 바람만이 존재하는 순간이 찾아온 것이다.

"우와!"

조선신궁의 계단은 지금은 서울역으로 이름이 바뀐 경성역 맞은편에서 시작해서 380여 개나 되었다. 따라서 그곳을 **활강하려면**˙ 엄청난 속도가 붙었다. 중간중간 놓인 계단참에서는 점프도 할 수 있었다. 스키가 서걱거리며 눈을 베는 소리가 들리는 가운데 계단참에 도착한 희준은 살짝 점프했다. 속도가 중력을 이기는 바로 그 순간이 너무나 좋았다. 이때만은 청진에서 온 촌놈이라는 손가락질을 받지 않아도 되었다. 살짝 떴던 몸이 슬로프에 내려오면서 약간 비틀거렸다. 하지만 몸을 낮추고 스키를 벌려서 균형을 잡은 그는 마지막까지 완주하는 데 성공했다. 수많은 사람들의 박수를 받으며 쌓여 있는 눈더미 앞에서 멈춘 희준은 하늘을 향해 소리를 질렀다.

"완주했다! 끝까지 내려왔다고!"

● **활강**(滑 미끄러울 활, 降 내릴 강)**하다** 비탈진 곳을 미끄러져 내려오거나 내려가다.

구조 읽기 빈칸에 알맞은 낱말을 써넣으며 내용을 정리해 보세요.

정답 및 해설 10쪽

일이 일어난 때	희준은 흩날리는 눈을 가리며 ❶ ㅇ ㅊ 일찍 '❷ ㄴ ㅅ 스키장'에 올라왔음.
1948년 1월	↓
	경기가 시작되고 자신의 순서가 다가오자 ❸ ㅎ ㅈ 은 긴장감에 몸을 떨었음.
일이 일어난 장소	↓
	희준은 슬로프를 내려다보며 자세를 취했고, 심판이 "출발!"을 외쳤음.
남산 스키장	↓
	희준은 바람을 가르며 출발했고, 속도는 점점 빨라져 오로지 자신과 바람만이 존재하는 순간이 찾아왔음. 계단참에 도착한 희준은 살짝 점프했고 약간 비틀거렸지만, 마지막까지 ❹ ㅇ ㅈ 하는 데 성공했음.

2회독 빈칸을 채우지 못했다면 다시 **꼼꼼히** 읽어요!

1 이 이야기에서 '희준'이 한 일은 무엇인지 알맞은 것에 ○표 하세요.

(1) 스키 경기에 선수로 참여하여 완주했다.   (   )

(2) 정식 스키 대회에 나온 친구를 응원했다.   (   )

(3) 서울로 수학여행을 와서 남산 꼭대기까지 등산했다.   (   )

2 '희준'에 대한 설명으로 알맞은 것을 두 가지 고르세요.   (   )

① 오후가 되어서야 남산 스키장에 도착했다.

② 까무잡잡한 피부에 축 처진 눈매를 가졌다.

③ 자신의 순서가 다가와도 전혀 긴장하지 않았다.

④ 스키복으로 미군 점퍼를 입고, 털양말을 신었다.

⑤ 광복으로 인해 고향을 떠나면서 가족과 헤어졌다.

3 이 이야기의 시대적 배경을 알 수 있는 부분입니다. 빈칸에 알맞은 말을 찾아 쓰세요.

(1) 태평양전쟁에서 일본이 패배하고 (   )을 맞은 지 3년이 되었다.

(2) (   )이 생기고 북쪽에 소련군이 진주하면서 고향을 떠나야만 하는 사람들이 생겼다.

4 ㉠, ㉡을 통해 알 수 있는 당시의 사회·문화적 상황으로 알맞은 것을 찾아 연결하세요.

(1) ㉠ '미군 점퍼' •

(2) ㉡ '조선신궁' •

• ① 일제의 식민지 통치와 제국주의를 정당화하고, 조선인들에게 천황 숭배 사상을 강요하기 위해서 일본은 조선에 많은 신사를 세웠다.

• ② 1945년에 제2차 세계 대전이 끝난 후, 미군이 남한에 주둔하면서 물자가 부족했던 우리나라에 식량이나 군복 등의 군수 물자를 대량으로 일반인들에게 나누어 주었다.

5 다음은 이 이야기를 읽고 '조선신궁'에 대해 조사한 자료입니다. 내용을 알맞게 이해한 친구의 이름에 ○표 하세요.

▲ 조선신궁

조선신궁은 일제 강점기에 서울 남산에 세운 신사로, 1925년에는 열다섯 개의 건물이 있었을 만큼 컸다. 1930년대 후반부터 총독부가 이곳 신궁 참배를 강요하기도 했다.

태평양 전쟁에서 패한 일본인들은 1945년 8월 16일에 스스로 신궁을 해체하였고, 10월 7일에 남은 시설을 불태웠다. 이후 이곳에는 남산 공원이 만들어졌고, 안중근 의사 기념관이 세워졌다.

조선신궁은 사진에서 보듯이 정말 위압적이야. 참배를 강요받으며 올라야 했던 그 계단을 스키장으로 사용했다니 정말 광복을 맞았구나, 실감이 났을 것 같아. 그리고 소설 속 배경이 실제 있었다는 것을 알고 나니까 이야기가 더 실감 나게 느껴져.

승민

일본인들이 전쟁에서 패하자마자 신궁을 해체하고 남은 시설을 불태워서 남산 스키장이 열릴 수 있었던 것 같아. 그 당시에 제일 크고 유명한 스키장이었기 때문에 훌륭한 선수들이 많이 찾았을 거야.

예슬

스키장과 스키를 중심으로 생각해 보아도 좋고, 그 당시의 시대적 배경과 지금의 모습을 비교해 보아도 좋아요.

6 이 이야기의 배경이 되는 1948년과 지금 우리가 살고 있는 시대의 모습을 비교해 보고, 비슷한 점과 다른 점을 떠올려 써 보세요.

_____

_____

_____

05 광고 읽는 방법

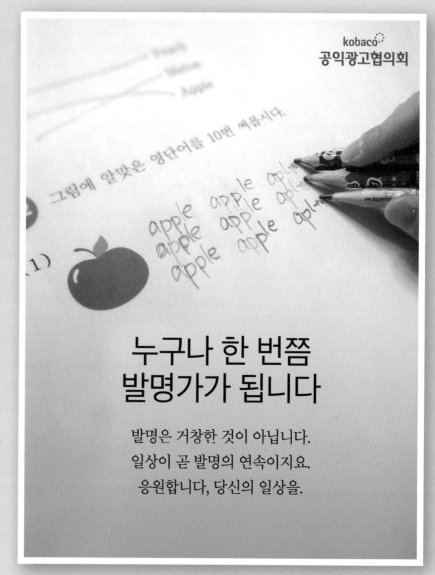

kobaco
공익광고협의회

누구나 한 번쯤
발명가가 됩니다

발명은 거창한 것이 아닙니다.
일상이 곧 발명의 연속이지요.
응원합니다, 당신의 일상을.

▶ 공공의 이익을
목적으로 하는
공익 광고

개념
사전

광고에는 공익 광고와 상업 광고가 있어요. 광고는 생각을 널리 알리려고 정보를 제공할 뿐만 아니라 사람들이 상품을 선택하도록 설득하기도 해요. 따라서 광고를 읽을 때에는 광고에서 전하려는 내용을 비판적인 시각으로 바라보는 것이 좋아요.

✦광고 읽는 방법 • 과장하거나 감추는 내용이 있는지 살펴보며 읽어야 함.

• 상품이 잘 팔리게 하려고 상품 기능을 실제보다 부풀린 과장 광고는 '무조건', '절대로', '최고', '100퍼센트' 같은 표현으로 소비자의 판단력을 흐림.

• 있지도 않은 상품 기능을 있는 것처럼 설명하는 허위 광고에도 속지 않도록 주의해야 함.

확인 문제를 풀어 보며 개념을 익혀요.

1~2 **다음 괄호 안에 들어갈 알맞은 말에 ○표 하세요.**

1 공공의 이익을 목적으로 하는 광고를 (공익 , 상업) 광고라고 한다.

2 상품에 대한 정보를 제공할 뿐만 아니라 사람들이 상품을 선택하도록 설득하는 광고를 (공익 , 상업) 광고라고 한다.

3~7 **다음 빈칸에 들어갈 알맞은 말을 보기에서 찾아 쓰세요.**

┤ **보기** ├
| 과장 | 비판 | 설득 | 정보 | 허위 |

3 광고는 상품이나 생각을 널리 알리려고 (   )를 제공한다.

4 광고는 사람들이 상품을 선택하도록 (   )한다.

5 (   ) 광고는 있지도 않은 상품 기능을 있는 것처럼 설명하는 것이다.

6 (   ) 광고는 상품 기능을 실제보다 부풀려 설명하는 것이다.

7 광고를 읽을 때는 과장하거나 감추는 내용이 무엇인지 살펴보며 (   )적으로 읽어야 한다.

가 키크게 영양제

1회독

- 🖊 광고 대상에 ○
- 🖊 광고 대상에 대해 알게 된 정보에 〰️
- 🖊 과장이나 허위 광고에 해당하는 부분에 [ ]

- **입증**(立 설 입, 證 증거 증) 어떤 증거를 내세워 증명함.
- **잠재력**(潛 자맥질할 잠, 在 있을 재, 力 힘 력) 겉으로 드러나지 않고 속에 숨어 있는 힘.

나 전국대학교

전국대학교에서
당신의 꿈을 현실로 바꾸세요!

• **최대 규모의 캠퍼스**®와 **미래 지향적 전공**® 학과를 가장 많이 보유한 대학
• 즐거운 학교생활을 보장하는 **참여형 동아리 33개**
• 모든 학생에게 주어지는 **해외 대학 교류 프로그램** 참여 기회
• 우리 대학과 함께라면 **취업과 창업**® 무조건 성공!

당신의 꿈이 이루어지는 공간
전국대학교

● **캠퍼스**(campus) 건물과 운동장 등이 있는 대학교의 일정한 구역.

● **전공**(專 오로지 전, 攻 칠 공) 어떤 한 분야를 전문적으로 연구함.

● **창업**(創 비롯할 창, 業 업 업) 사업을 처음으로 이루어 시작함.

 **구조 읽기** 빈칸에 알맞은 낱말을 써넣으며 내용을 정리해 보세요.

정답 및 해설 **12쪽**

	가	**나**
광고 종류	영상 광고	포스터 광고
광고 대상	키크게 ❶ ㅇ ㅇ ㅈ	전국 ❷ ㄷ ㅎ ㄱ
광고 목적	사람들이 키크게 영양제를 사도록 설득함.	사람들에게 전국대학교를 알리고 전국대학교에 오도록 설득함.

2 회독 빈칸을 채우지 못했다면 다시 **꼼꼼히** 읽어요!

1 광고 **가**, **나**를 통해 알리려고 하는 중심 내용을 빈칸을 채워 완성하세요.

광고	알리려고 하는 중심 내용
(1) **가**	키크게 영양제를 먹으면 [ ]가 더 클 수 있다.
(2) **나**	전국대학교에 오면 [ ]을 이룰 수 있다.

2 광고 **가**, **나**에서 얻은 정보를 올바르게 해석한 것은 무엇인가요? (   )

① **가** – 키크게 영양제에는 칼슘, 비타민 성분이 포함되어 있다.
② **가** – 키크게 영양제는 모든 과학자들이 인정한 상품이다.
③ **나** – 전국대학교에서는 동아리에 꼭 가입해야 한다.
④ **나** – 전국대학교는 세계에서 가장 큰 캠퍼스를 가지고 있다.
⑤ **나** – 전국대학교에서는 모든 학생이 해외 대학 교류 프로그램에 참여해
  야 한다.

3 광고 **가**, **나**를 보고 알 수 있는 광고의 특징으로 알맞지 <u>않은</u> 것은 무엇인가요?
  (   )

① 사람들이 기억하기 쉬운 문구를 사용한다.
② 사람들이 광고하는 대상을 선택하도록 설득한다.
③ 다양한 매체를 활용해 전하고자 하는 생각을 널리 알린다.
④ 정확한 사실만 전달하기 때문에 제공하는 정보를 모두 믿을 수 있다.
⑤ 강조하고 싶은 내용은 다른 색깔과 모양을 사용한 글씨로 크게 나타낸다.

4 광고 **가**, **나**에서 대상을 과장하여 표현한 부분을 정리한 것입니다. 빈칸에 알맞
은 말을 광고에서 찾아 쓰세요.

광고	과장하여 표현한 부분	그렇게 생각한 까닭
(1) **가**	실험 참여 어린이 ( ) 성장	실험 참여 어린이 모두가 영양제의 영향으로 키가 큰 것인지 알 수 없다.
(2) **나**	우리 대학과 함께라면 취업과 창업 ( ) 성공	객관적인 자료도 없이 무조건 성공이라고 말하고 있다.

5 광고 **가**, **나**를 보고, 더 알아보면 좋을 내용을 알맞게 말하지 <u>못한</u> 친구의 이름에 ○표 하세요.

나는 키크게 영양제에 관심이 있어. 그런데 과학적으로 입증되었다는 문구가 정확히 어떤 근거에서 나온 것인지 문의해 보려고 해.

승민

나도 키크게 영양제에 어떤 좋은 성분이 더 들어 있는지 확인해 보려고. 그 성분들이 우리 몸에 어떤 영향을 주는지 궁금해.

서연

나는 창업을 하고 싶기 때문에 전국대학교에 입학해야 겠다고 결심했어. 창업에 무조건 성공할 수 있다는 문구에 믿음이 가. 전국대학교에 입학할 수 있는 방법을 알아봐야겠어.

예슬

이 광고를 읽고 사람들이 어떻게 하기를 바라는지를 중심으로 생각해 보면 좋아요.

6 다음 공익 광고를 통해 전하고자 하는 생각을 그렇게 생각한 까닭과 함께 써 보세요.

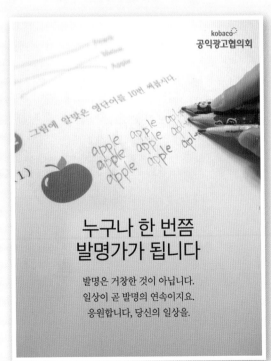

(1) 전하고자 하는 생각:

(2) 그렇게 생각한 까닭:

2⁺ 주차 에서 우리는

06 시의 **심상**

    시를 읽으면 실제로 어떤 대상을 직접 보는 것은 아닌데, 다양한 감각적 표현을 통해 마음속에 구체적인 인상이 떠올라 대상을 직접 보고 겪는 것 같은 느낌을 갖게 될 때가 있어요. 이와 같은 심상을 통해 시를 더욱 생생하게 느낄 수 있어요.

✦ **심상(이미지)** • 시어에 의해 마음속에 떠오르는 구체적이고 선명한 영상이나 감각적인 인상.

  • 시각적(눈으로 보는 듯한 느낌), 청각적(귀로 소리를 듣는 듯한 느낌), 촉각적(피부에 닿는
   듯한 느낌), 미각적(혀로 맛을 보는 듯한 느낌), 후각적(코로 냄새를 맡는 듯한 느낌) 심상 등
   이 있음.

짧은 글로

개념 확인

확인 문제를 풀어 보며 개념을 익혀요.

1 다음에서 설명하는 것이 무엇인지 두 글자로 쓰세요.

- 시어에 의해 마음속에 그려지는 상(형체)을 뜻한다.
- 묘사나 비유를 통해 대상을 직접 보고 겪는 것 같은 느낌이 들고, 마음속에 구체적인 인상이 떠오르는 것을 말한다.
- 이미지라고도 한다.

(   )

2~6 다음 시의 한 구절을 읽고, 어떤 심상이 느껴지는지 알맞은 것을 찾아 연결하세요.

2
매앰매- 매앰매-
귓가에 울리는 여름의 소리

•   • ①   시각적 심상

3
굽이굽이 휘어져 흐르는 저 물은
하늘의 붓글씨일까

•   • ②   청각적 심상

4
앗, 차가워!
냇가에 발을 폭, 팔에 소름이 오스스

•   • ③   촉각적 심상

5
구수하고 짭짤한
우리 엄마 된장찌개

•   • ④   미각적 심상

6
비가 다녀간 자리에
신선한 흙 내음

•   • ⑤   후각적 심상

1 심상 2 ② 3 ① 4 ③ 5 ④ 6 ⑤   06. 시의 심상 **43**

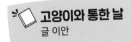
가 천둥 치는 밤

1회독

● 중심 글감에 ○

● 심상이 나타난 부분에 〰️

● 글쓴이(말하는 이)의 마음이 나타난 부분에 [ ]

하늘이 두 쪽으로
쩌
억
!
갈라지는가 싶더니
이내 붙으며
쩌르르릉
집이 울었다

번개에 천둥에 바람에 비에
전기까지 나간 밤

땀에 젖은 두 손 모아 쥐고
방 안 가득 죄를 떠올리며,
안 그럴게요 안 그럴게요
용서를 빌다
깬 새벽

마당에는
㉠밤새 죄를 대신 갚아 준 것 같은 나뭇잎들이
바닥에 **납작납작**˙ **엎디어**˙ 있었다

● **납작납작** 몸을 바닥에 바짝 대고 자꾸 냉큼냉큼 엎드리는 모양.

● **엎디다** '엎드리다'의 준말. 배를 바닥에 붙이거나 팔다리를 짚고 몸 전체를 길게 뻗다.

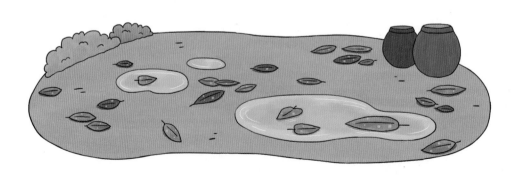

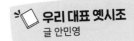
나 어리고 성긴 매화

어리고 **성긴** 매화 너를 믿지 않았더니

눈 **기약** 능히 지켜 두세 송이 피었구나.

촉 잡고 가까이 사랑할 제 **암향** **부동**하더라.

- **성기다** 물건의 사이가 뜨다. 엉성하다. 촘촘하지 않다.

- **기약**(期 기약할 기, 約 맺을 약) 때를 정하여 약속함.

- **암향**(暗 어두울 암, 香 향기 향) 그윽이 풍기는 향기. 흔히 매화의 향기를 이른다.

- **부동**(浮 뜰 부, 動 움직일 동) 물이나 공기 중에 떠서 움직임.

┤ 풀이 ├

어리고 엉성한 매화나무 가지이기에 네가 꽃을 피우리라고 믿지 않았는데 눈과의 약속을 제대로 지켜서 두세 송이의 꽃을 피웠구나.

캄캄한 밤에 촛불을 들고 가까이 다가가서 매화꽃을 사랑하듯 보고 있으니 은은한 향기가 풍기는구나.

 **구조 읽기** 빈칸에 알맞은 낱말을 써넣으며 내용을 정리해 보세요.

정답 및 해설 14쪽

가 천둥 치는 밤	나 어리고 성긴 매화
1~2연 밤 ① ㅂ ㄱ 가 번쩍 하늘을 가르더니 천둥이 침.	**초장** 겉보기에 보잘것없어서 매화나무가 꽃을 피울 것이라고 기대조차 하지 않음.
3연 밤~새벽 무서워서 두 손 모아 쥐고 ② ㅇ ㅅ 를 빌며 잠을 설침.	**중장** 그런데도 눈 속에서 ③ ㄲ 을 피우니 반갑고 신기함.
4연 새벽 마당에는 비바람에 떨어진 나뭇잎들이 있음.	**종장** 밤중에 촛불을 켜 들고 매화꽃을 감상하니 그 향기가 더욱 좋음.

2 회독 빈칸을 채우지 못했다면 다시 **꼼꼼히** 읽어요!

1 시 **가**에서 나뭇잎의 모습을 ⊙과 같이 표현한 까닭은 무엇인가요? (   )

① 나무에도 벼락이 떨어져서
② 나뭇잎을 치워야 죄가 다 없어져서
③ 비바람에 견디지 못한 나뭇잎들이 불쌍해서
④ 나뭇잎이 하늘이 두 쪽으로 갈라지던 순간에 떨어져서
⑤ 마당에 떨어진 나뭇잎이 어제 용서를 빌던 자신의 모습 같아서

2 시 **나**에 나타난 글쓴이의 마음을 알맞게 짐작한 것은 무엇인가요? (   )

① 매화가 아닌 다른 꽃에는 관심이 없다.
② 나무에게도 믿음을 주는 것이 중요하다.
③ 어려운 환경에서도 약속은 꼭 지켜야 한다.
④ 어리고 엉성한 나무일수록 정성이 많이 필요하다.
⑤ 나무가 연약해서 기대하지 않았는데 꽃을 피우니 대견하다.

3 시 **가**, **나**의 각 부분에 나타난 심상은 무엇인지 알맞은 것끼리 연결하세요.

(1) **가** 찌르르릉
집이 울었다
· · ① 피부에 닿는
듯한 느낌

(2) **가** 땀에 젖은 두 손 모아 쥐고
· · ② 귀로 소리를
듣는 듯한 느낌

(3) **나** 암향 부동하더라.
(은은한 향기가 풍기는구나.)
· · ③ 코로 냄새를
맡는 듯한 느낌

4 보기의 내용과 관련하여 시 **나**의 글쓴이에 대해 추론한 내용입니다. 알맞게 말한 친구의 이름에 ○표 하세요.

┤ **보기** ├

예로부터 매화, 난초, 국화, 대나무는 '사군자'로 불리며, 많은 선비의 사랑을 받았다. 눈이 녹기도 전 이른 봄의 추위를 이겨 내고 꽃이 피는 매화는 어려운 상황에서도 꿋꿋한 선비의 지조와 절개를, 담백한 색과 은은한 향기를 가진 난초는 선비의 고결함을, 서리 내리는 늦가을까지 꽃을 피우는 국화는 절개를 지키며 고고하게 살아가는 선비의 굳은 정신을, 사철 푸르고 곧게 자라는 대나무는 선비의 곧은 성품과 강인한 기상을 뜻한다. 사군자를 주제로 선비들은 그림을 그리고, 시를 쓰며 즐겼다.

> 아마 이 시의 글쓴이도 사군자 중 하나인 매화를 좋아한 선비였을 것 같아.

지안

> 글쓴이는 매화의 향기보다 난초의 은은한 향기가 더 좋다고 생각한 것 같아.

준우

> 매화가 꿋꿋한 지조와 절개를 상징하는 것으로 보아 글쓴이에게 큰 어려움이 닥쳤다는 것을 짐작할 수 있어.

한들

> 1연에서 느낄 수 있는 심상을 중심으로 생각해 보아도 되고, '쩍'이라는 낱말을 '쩌억!'이라고 늘이면서 행을 나누어 쓴 까닭을 생각해 보아도 좋아요.

5 시 **가**의 1연에 나타난 표현을 살펴보고, 생각이나 느낌을 써 보세요.

> 하늘이 두 쪽으로
> 쩌
> 억
> !
> 갈라지는가 싶더니
> 이내 붙으며
> 쩌르르릉
> 집이 울었다

07 설명하는 글의 객관성과 사실성

설명하는 글은 객관적인 정보를 사실 그대로 전달하는 것을 목적으로 하기 때문에 객관성과 사실성을 가지고 있어요. 따라서 설명하는 글은 정보가 객관적인지 정확한 사실인지 따져 가면서 읽어야 해요.

객관성 글쓴이의 주관적인 의견이나 감정을 배제하고, 대상을 있는 그대로 설명하는 것을 말함.

사실성 정확한 사실에 근거하여 올바르게 전달하는 것을 말함.

확인 문제를 풀어 보며 개념을 익혀요.

1~3 다음 중 알맞은 내용에는 ○표, 알맞지 않은 내용에는 ×표 하세요.

1 설명하는 글은 정확한 사실에 근거하여 정보를 올바르게 전달해야 한다.
(   )

2 설명하는 글은 글쓴이가 주관적으로 판단해서 옳다고 생각한 정보를 다룬 글이다.
(   )

3 설명하는 글은 그 정보를 알고 싶어 하는 대상에게 객관적인 정보를 전달하는 글이다. (   )

4~7 다음 중 객관성과 사실성이 나타난 문장에는 ○표, 그렇지 않은 문장에는 ×표 하세요.

4 나는 또래 중에서 달리기를 잘하는 편이다. (   )

5 빨간 카네이션의 꽃말은 부모님에 대한 사랑, 존경이다. (   )

6 주위를 둘러보면 부지런한 친구들이 생각보다 많다는 것을 알 수 있다.
(   )

7 까치는 몸길이가 45 cm 안팎으로 전체적으로 검은빛이며 꽁지깃은 청록색을 띤다. (   )

혈당 ☐

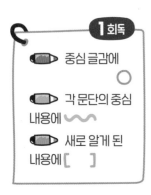

1회독

⬤ 중심 글감에 ◯

⬤ 각 문단의 중심 내용에 〰

⬤ 새로 알게 된 내용에 [ ]

1 혈액 속 포도당의 양을 뜻하는 '혈당'은 우리의 건강과 발달에 큰 영향을 미친다. 포도당은 우리가 섭취하는 음식물 중에서 특히 탄수화물이 분해되어 생성되는 당이다. 이는 우리 몸의 주요 에너지원이며, 뇌와 신경계의 기능을 유지하기 위한 가장 중요한 영양소이다. 음식을 섭취하여 혈당이 높아지면, 췌장에서 인슐린이라는 호르몬이 분비된다. 인슐린은 당이 체내 세포에 에너지로 사용될 수 있도록 하여 몸이 스스로 혈당을 낮출 수 있도록 돕는다.

2 공복˚인 상태로 에너지를 많이 사용하는 운동을 하거나 평소 단 음식을 많이 섭취하면 인슐린이 **과다**˚ 분비되어 혈당 수치가 급격히 떨어질 수 있다. 이때는 기운이 없다는 느낌이 들거나 심장 박동이 **과도하게**˚ 빨라질 수 있고, 두통이나 어지럼증 등의 증상이 나타나며, 심한 경우 의식을 잃을 수도 있다.

3 반면에 공복에도 혈당이 떨어지지 않는 경우가 있다. 이것은 잘못된 생활 습관으로 인해 췌장이나 인슐린의 기능에 문제가 생겼다는 뜻이다. 신체의 에너지원인 당이 인슐린의 도움을 제대로 받지 못해 체내에 흡수되지 않고 소변으로 모두 빠져나가면서 우리 몸은 에너지가 부족하다고 인식하고 극심한 피로감을 느끼게 된다. 그리고 고혈당 상태가 지속되면 많은 **합병증**˚을 동반하는 당뇨병에 걸릴 가능성이 커진다. 따라서 건강을 위해서는 혈당이 일정 범위 내에서 유지되어야 한다.

4 식사를 한 뒤 2시간이 지났을 때 혈당을 측정하는데, 이 수치는 식사로 인해 상승한 혈당이 얼마나 잘 조절되는지 보여 준다. 혈당 수치가 안정적이라는 것은 세포가 각자의 역할을 하는 데 필요한 에너지를 안정적으로 얻고 있다는 뜻이다. 하지만 스트레스를 받으면 혈당 수치의 변동이 심해진다. 그러면 세포가 더는 인슐린에 반응하지 않게 되고, 이로 인해 혈당 수치가 높아진다.

5 스트레스를 관리하는 방법 중의 하나인 신체 활동은 많은 에너지를 사용하기 때문에 적은 양의 인슐린으로도 혈당을 효과적으로 낮출 수 있다. 그리고 수면 역시 우리 몸이 스트레스 상태에서 균형을 되찾을 수 있게 도와주는 역할을 하므로, 충분한 수면을 통해 몸이 회복할 시간을 가져야 한다.

6 무엇보다 혈당에 가장 큰 영향을 주는 것은 식단이다. ㉠정해진 시간에 식사를 하면 과식을 줄일 수 있고 건강한 식습관을 유지하는 데에도 도움이 된다.

● **공복**(空 빌 공, 腹 배 복) 배 속이 비어 있는 상태.

● **과다**(過 지날 과, 多 많을 다) 너무 많음.

● **과도**(過 지날 과, 度 법도 도)**하다** 정도에 지나치다.

● **합병증**(合 합할 합, 倂 아우를 병, 症 증세 증) 어떤 질병에 곁들여 일어나는 다른 질병.

탄수화물, 단백질, 지방을 고르게 섭취해야 하며, 소화·흡수 속도를 늦추기 위해서 섬유질이 풍부한 **통곡물**˙을 섞어 먹는 것도 좋다. 그리고 ⓛ과일 및 채소는 갈아서 먹는 것보다 씹어서 먹어야 한다. ⓒ양념이나 가공을 적게 한 재료들로 식단을 구성하여 **첨가물**˙을 덜 먹는 것 또한 혈당 관리에 도움이 된다. 식품 성분표에서 당류를 살피는 습관을 들여서 단 음식은 되도록 멀리해야 한다.

▲ 혈당 관리에 도움이 되는 식품

7 혈당 관리는 특정 연령대나 질환이 있는 사람들만이 아니라 모두의 건강을 위해 중요하다. 당장 할 수 있는 작은 습관부터 일상생활에 적용해 보면서, 자신에게 맞는 바람직한 생활 습관을 찾아 꾸준히 실천한다면 활기차고 건강한 삶을 누릴 수 있을 것이다.

- **통곡물**(통, 穀 곡식 곡, 物 만물 물) 쪼개거나 갈지 아니한 통째 그대로의 곡물.

- **첨가물**(添 더할 첨, 加 더할 가, 物 만물 물) 식품을 만들 때 보태어 넣는 것.

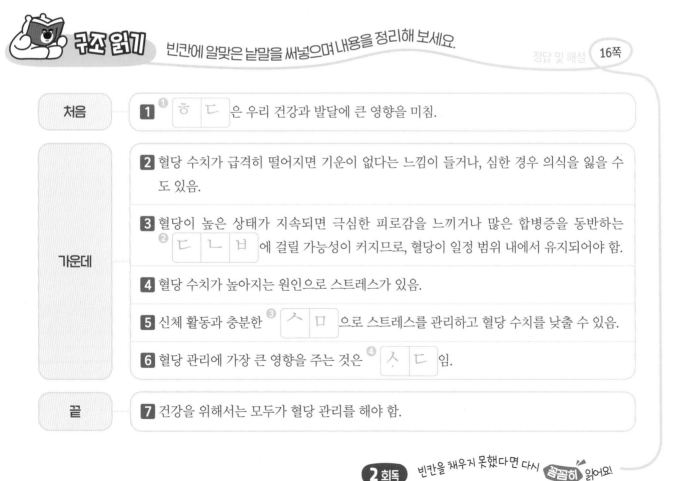

구조읽기 빈칸에 알맞은 낱말을 써넣으며 내용을 정리해 보세요.
정답 및 해설 16쪽

처음	**1** ❶ ㅎ ㄷ 은 우리 건강과 발달에 큰 영향을 미침.
가운데	**2** 혈당 수치가 급격히 떨어지면 기운이 없다는 느낌이 들거나, 심한 경우 의식을 잃을 수도 있음.
	3 혈당이 높은 상태가 지속되면 극심한 피로감을 느끼거나 많은 합병증을 동반하는 ❷ ㄷ ㄴ ㅂ 에 걸릴 가능성이 커지므로, 혈당이 일정 범위 내에서 유지되어야 함.
	4 혈당 수치가 높아지는 원인으로 스트레스가 있음.
	5 신체 활동과 충분한 ❸ ㅅ ㅁ 으로 스트레스를 관리하고 혈당 수치를 낮출 수 있음.
	6 혈당 관리에 가장 큰 영향을 주는 것은 ❹ ㅅ ㄷ 임.
끝	**7** 건강을 위해서는 모두가 혈당 관리를 해야 함.

2회독 빈칸을 채우지 못했다면 다시 꼼꼼히 읽어요!

1 이 글에서 전달하고자 하는 중심 내용이 잘 드러나도록 제목의 빈칸에 들어갈 알맞은 말에 ○표 하세요.

(1) 상승 이유   (   )

(2) 측정 방법   (   )

(3) 관리의 중요성   (   )

2 이 글을 읽고 알 수 있는 내용으로 알맞지 <u>않은</u> 것은 무엇인가요?   (   )

① 당은 우리 몸의 주요 에너지원이다.

② 혈당이 높아지면 인슐린이 분비된다.

③ 인슐린은 혈당을 낮추는 역할을 한다.

④ 포도당은 지방이 분해되어 생성되는 당이다.

⑤ 당이 체내에 흡수되지 않고 빠져나가면 피로감이 든다.

3 이 글의 각 문단에 나타난 설명 방법으로 알맞은 것에 ○표 하세요.

(1) **1** 문단에서는 혈당과 포도당에 대해 정의하였다.   (   )

(2) **3** 문단에서는 고혈당의 다양한 증상을 분류하였다.   (   )

(3) **5** 문단에서는 스트레스를 관리하는 방법으로 신체 활동과 수면을 비교·대조하였다.   (   )

4 이 글에 대한 이해를 돕기 위해 자료를 추가하려고 할 때, 설명하는 글의 객관성이나 사실성을 뒷받침해 주는 자료가 <u>아닌</u> 것은 무엇인가요?   (   )

① 혈당이 조절되는 원리를 간단하게 설명한 그림

② 내과 의사가 인슐린과 혈당의 관계에 대해 설명한 영상

③ 당뇨병으로 인해 다른 합병증이 생긴 환자에 대한 통계

④ 내가 하루 동안 받는 스트레스의 양과 종류를 나타낸 도표

⑤ 규칙적인 생활 습관으로 혈당 관리에 성공한 사례를 모은 책자

5 ㉠~㉢의 내용을 잘못 이해하고 말한 친구의 이름에 ○표 하세요.

예슬

> ㉠과 같이 정해진 시간에 식사를 하면 배가 고파도 참아야 하는 상황이 생기고 오히려 과식하게 될 수 있어. 식사는 먹고 싶을 때 바로바로 하는 것이 혈당 관리에도 좋을 것 같아. 식사 시간이 될 때까지 먹고 싶은 것을 참는 것도 스트레스가 될 수 있잖아.

> ㉡과 같이 해야 하는 이유는 과일과 채소에도 통곡물처럼 섬유질이 많이 들어 있는데, 섬유질은 소화 과정을 느리게 하고 포만감을 지속시키면서 혈당이 천천히 오르게 하기 때문이야. 하지만 과일과 채소를 갈아서 먹으면 섬유질이 파괴되면서 소화·흡수 속도가 빨라져서 혈당도 빠르게 상승한다고 해.

승민

서연

> ㉢은 무슨 말이냐면, 음식을 할 때 사용하는 양념에는 다양한 조미료가 들어가. 그런데 조미료에는 우리가 생각하는 것보다 많은 당이 들어 있어. 그리고 가공한 음식에는 식품 보존을 위한 첨가물이 들어 있는데 이런 것들이 혈당에 안 좋은 영향을 미치는 거야.

6 이 글을 읽고 알 수 있는 혈당 관리 방법을 일상생활에 알맞게 적용한 것에 ○표 하세요.

(1) 고추장 같은 우리 전통 양념은 얼마든지 먹어도 괜찮다.　　(　　　　)

(2) 탄수화물은 혈당 상승에 큰 영향을 주기 때문에 아예 먹지 않는다.

　　　　　　　　　　　　　　　　　　　　　　　　　　　(　　　　)

(3) 곡물을 가공하여 만든 빵이나 면의 섭취는 줄이고, 통곡물을 그대로 익혀서 먹는다.　　　　　　　　　　　　　　　　　(　　　　)

> 혈당 관리에 대해 알게 된 내용을 바탕으로, 자신의 식습관에서 잘하고 있는 점이나 고쳐야 할 점을 찾아보아요.

7 나의 식습관을 되돌아보고, 이 글에서 알게 된 객관적인 정보를 바탕으로 혈당 관리를 위해 실천해야 할 일을 써 보세요.

08 관용 표현의 특징

두 개 이상의 낱말로 이루어진 관용 표현은 각 낱말의 뜻만으로는 전체 의미를 알 수 없어요.
그래서 관용 표현의 뜻을 잘 알아 두어야 글의 내용을 바르게 이해할 수 있어요.

➔ **관용 표현** 둘 이상의 낱말이 합쳐져 원래 뜻과는 다른 새로운 뜻으로 굳어져 쓰이는 표현으로, 관용어와 속담 등이 있음.

➔ **관용 표현의 특징** ・전하고 싶은 말을 쉽게 표현할 수 있고, 듣는 사람은 쉽게 이해할 수 있음.

ᅠᅠᅠᅠᅠᅠᅠᅠᅠᅠ ・표현이 재미있어서 듣는 사람의 관심과 집중을 이끌어 냄.

확인 문제를 풀어 보며 개념을 익혀요.

1~6 다음 관용 표현을 보고, 그 뜻으로 알맞은 것을 찾아 연결하세요.

1 운을 떼다 •
  • ① 실없이 행동하거나 지나치게 웃어 대다.

2 허파에 바람 들다 •
  • ② 어떤 이야기를 하기 위하여 말을 하기 시작하다.

3 손 안 대고 코 풀기 •
  • ③ 사람의 속마음을 알기란 매우 힘듦을 비유적으로 이르는 말.

4 구더기 무서워 장 못 담글까 •
  • ④ 다소 방해되는 것이 있다 하더라도 마땅히 할 일은 하여야 함을 비유적으로 이르는 말.

5 빈대 잡으려고 초가삼간 태운다 •
  • ⑤ 손조차 사용하지 아니하고 코를 푼다는 뜻으로, 일을 힘 안 들이고 아주 쉽게 해치움을 비유적으로 이르는 말.

6 열 길 물속은 알아도 한 길 사람의 속은 모른다 •
  • ⑥ 손해를 크게 볼 것을 생각지 아니하고 자기에게 마땅치 아니한 것을 없애려고 그저 덤비기만 하는 경우를 비유적으로 이르는 말.

피겨의 살아 있는 전설, 김연아

1회독

○ 중심 글감에

○ 관용 표현이
드러난 부분에

○ 김연아 선수의
성격이 드러난 부분에
[   ]

"처음부터 겁먹지 말자. 막상 가 보면 아무것도 아닌 게 세상에는 참으로 많다."라는 김연아 선수의 말은 많은 이에게 용기를 준다. 18년이라는 긴 시간 동안 꾸준히 ㉠한 우물을 판 김연아 선수는 피겨 스케이팅 100년 역사상 최초로 **올포디움**˚을 달성했다.

스트레칭을 할 때 무슨 생각을 하느냐는 질문에 "무슨 생각을 해. 그냥 하는 거지."라는 김연아 선수의 간단명료한 대답은 그녀의 성격을 잘 드러내 준다. 실제로 본인도 무덤덤한 성격이 선수 생활에 도움이 되었다고 이야기한다. 피겨라는 스포츠가 겉으로 보기에는 화려하고 극적으로 보이지만, 그 뒤에는 주어진 일상을 무덤덤하게 소화해 낸 김연아 선수의 숨은 노력이 있는 것이다.

사람들은 경기 직전에 김연아 선수가 기도하는 모습을 보고, 우승하게 해 달라고 기도했을 것이라고 짐작했다. 하지만 김연아 선수는 '이 자리에 설 수 있게 해 주셔서 감사합니다.'라고 기도한다고 밝혔다. 결과와 상관없이 경기를 할 수 있다는 것에 감사하는 김연아 선수의 기도는 많은 이에게 울림을 주었다.

김연아 선수는 한국 선수 최초로 **그랑프리 파이널**˚에 출전해 17살의 나이로 1위를 달성하며 세계적인 주목을 받았다. 이후 김연아 선수는 올림픽에서도 큰 기대를 받았고, 경기를 마친 뒤 처음으로 눈물을 보였다. "올림픽 이전에 많은 경기를 했고 좋은 성적을 냈는데, 올림픽 한 번으로 모든 게 무너지지는 않을 것이다. 남들이 뭐라 하든 나는 그렇게 생각하지 않을 것이다. 그리고 몇 등을 하든 세상이 무너질 만큼 큰일은 아닐 거다. 그러니 늘 하던 대로 하자."라고 마음을 다잡았지만, 사실 마음속에는 간절함이 컸기 때문에 자신도 모르게 눈물이 났다고 한다. 어린 나이에 전 세계의 주목을 받으며, 그 중압감을 이겨 낸 김연아 선수는 2010 밴쿠버 동계 올림픽에서 본인이 세웠던 최고 기록을 경신하며 금메달을 ㉡손안에 넣는다. 이 세계 최고 기록은 영원히 바뀌지 않을 것이라는 해설을 통해 김연아 선수가 얼마나 대단한 기록을 세웠는지 실감할 수 있다.

● **올포디움**(All Podium) 출전한 모든 대회에서 3위 안에 드는 것을 일컫는 말. '모든'을 뜻하는 'all'과 시상대를 뜻하는 'podium'을 합성해 모든 시상대에 올랐다는 뜻으로 쓰인다.

● **그랑프리 파이널**(Grand Prix Final) 그랑프리 시리즈에서 상위 6위 이내에 든 선수들이 최종 승자를 가리는 경기.

김연아 선수는 올림픽에 또다시 출전하는 것으로 피겨 스케이팅 선수로서 흔치 않은 도전을 했다. 선수 중 고령에 속했기 때문에 체력적으로도 벅찼고, 이미 높은 자리에 서 봤기 때문에 더 이상의 동기 부여가 없어서 준비 과정이 힘들었다고 한다. 버틴 것이 대단하다고 스스로 말할 정도로 어려운 상황에서 준비한 2014 소치 동계 올림픽에서도 김연아 선수는 완벽한 경기를 펼치며 유종의 미를 거두었다.

　김연아 선수는 은퇴할 때 "섭섭함은 없고 해방감만 있다. 그저 끝났다는 것이 행복하다."라고 이야기했다. 숨이 안 차는 게 소원이었다고 말할 정도로 피겨에 모든 것을 쏟아부었기 때문일 것이다.

　김연아 선수는 우직하게 한 길만 걸으며, **전무후무한**˚ 기록을 세워 피겨계에 한 획을 그었다. 김연아 선수의 경기는 온 국민이 ⓒ손에 땀을 쥐고 보았고, 국민들에게 감동을 주었다. 시간이 흐른 지금도 김연아 선수의 경기를 찾아보며 희망과 영감을 얻는 사람이 많다. 하지만 김연아 선수는 겸손하게 자신의 일을 했을 뿐인데, 사랑해 주고 기억해 주셔서 감사하다고 이야기한다. 김연아 선수가 걸어온 길은 앞으로도 오랫동안 기억될 것이며, 많은 이에게 용기를 불어넣어 줄 것이다.

● **전무후무**(前 앞 전, 無 없을 무, 後 뒤 후, 無 없을 무)**하다** 이전에도 없었고 앞으로도 없다.

구조 읽기　빈칸에 알맞은 낱말을 써넣으며 내용을 정리해 보세요.

정답 및 해설 〔18쪽〕

처음	❶ ㄱ ㅇ ㅇ 선수는 18년의 선수 생활 동안 올포디움을 달성함.
가운데	• 김연아 선수는 주어진 일상을 무덤덤하게 소화해 냈고, 결과와 상관없이 경기를 할 수 있다는 것에 감사함. • 김연아 선수는 한국 선수 ❷ ㅊ ㅊ 로 그랑프리 파이널에 출전해 1위를 달성하며 세계적인 주목을 받았고, 그 중압감을 이겨 내고 2010 밴쿠버 동계 올림픽에서 ❸ ㄱ ㅁ ㄷ 을 손안에 넣었고, 2014 소치 동계 올림픽에서도 완벽한 경기를 펼침. • 피겨에 모든 것을 쏟아부은 김연아 선수는 은퇴하며 해방감을 느낌.
끝	김연아 선수가 걸어온 길은 많은 이들에게 감동과 희망과 용기를 줌.

2 회독 빈칸을 채우지 못했다면 다시 **꼼꼼히** 읽어요!

1 이 글의 중심 내용으로 알맞은 것에 ○표 하세요.

(1) 김연아 선수의 경쟁자   (   )

(2) 김연아 선수가 걸어온 길   (   )

(3) 김연아 선수가 겪은 어려움   (   )

2 이 글에서 김연아 선수가 한 일이 <u>아닌</u> 것은 무엇인가요?   (   )

① 그랑프리 파이널에 출전해 1위를 달성하였다.

② 꼭 우승하게 해 달라는 기도를 하고 경기에 임했다.

③ 2010년, 2014년 두 번의 동계 올림픽에 출전하였다.

④ 결과와 상관없이 경기를 할 수 있다는 것에 감사하였다.

⑤ 18년 동안 우직하게 한 길만 걸으며 전무후무한 기록을 세웠다.

3 ㉠~㉢과 같은 관용 표현을 활용하면 좋은 점을 알맞게 말한 친구의 이름에 ○표 하세요.

㉠'한 우물을 파다'라는 표현을 사용해서 김연아 선수가 걸어온 길을 복잡하게 표현하였어.

한들

㉡'손안에 넣다'라는 표현을 활용해서 읽는 이가 한 번 더 생각해야 이해할 수 있도록 표현하였어.

지안

㉢'손에 땀을 쥐다'라는 표현을 통해 김연아 선수의 경기를 대하는 온 국민의 마음을 생생하게 표현하였어.

준우

4 이 글에서 얻은 교훈을 표현한 속담이 <u>아닌</u> 것은 무엇인가요?   (   )

① 우물에 가 숭늉 찾는다: 일의 순서도 모르고 성급하게 덤빔.

② 낙숫물이 댓돌을 뚫는다: 작은 힘이라도 꾸준히 계속하면 큰일을 이룰 수 있음.

③ 하늘은 스스로 돕는 자를 돕는다: 어떤 일을 이루기 위해서는 자신의 노력이 중요함.

④ 공든 탑이 무너지랴: 힘을 다하고 정성을 다하여 한 일은 그 결과가 반드시 헛되지 아니함.

⑤ 구르는 돌은 이끼가 안 낀다: 꾸준히 노력하는 사람은 제자리에 머무르지 않고 계속 발전함.

5 이 글에 나타난 김연아 선수의 모습을 바탕으로, **보기**와 같은 상황에서 김연아 선수는 어떤 생각을 하였을지 바르게 짐작한 것에 ○표 하세요.

┤ 보기 ├

금메달을 딴 선수가 올림픽에 또 출전하는 것은 피겨계에서 드문 일이었지만, 김연아 선수는 온 국민의 응원 속에 2014년 소치 올림픽 무대에 섰다. 체력적으로 어려움을 겪으며 준비하였음에도 김연아 선수는 완벽한 연기를 펼쳤다. 하지만 편파 판정이라는 논란 속에 은메달을 수상하였다.

(1) 금메달을 받지 못한 것에 대한 억울함을 호소하고 싶었을 것이다.

(   )

(2) 올림픽에 재도전한 것에 대한 후회와 함께 서운함을 느꼈을 것이다.

(   )

(3) 최선을 다하였고 스스로에게 떳떳한 경기를 펼쳤기 때문에 만족했을 것이다.

(   )

6 이 글의 내용과 비슷한 경험을 떠올린 것은 무엇인가요? (   )

① 하고 싶은 것은 너무 많은데 특히 잘하는 것을 못 찾아 실망한 일
② 축구 시합을 앞두고 다쳐서 정작 시합 때 제대로 활약하지 못한 일
③ 학급 회장을 하고 싶었지만 아무래도 안 될 것 같아서 바로 포기한 일
④ 피아노 콩쿠르에서 꼭 우승해야 한다는 욕심에 무리하다가 실수한 일
⑤ 결과에 연연하지 않고 꾸준히 도전하다 보니 전국 수영 대회에 나갈 기회를 얻게 된 일

노력이나 끈기와 관련된 관용어나 속담을 떠올려 보세요.

7 김연아 선수가 걸어온 길에서 배울 점을 찾아 관용 표현을 활용해 써 보세요.

09 근거 자료의 적절성

　　주장하는 글은 다른 사람을 설득하려는 목적으로 자신의 주장을 뒷받침하기 위한 근거 자료를 사용해요. 주장하는 글을 읽을 때에는 글쓴이가 제시한 근거 자료가 타당한지 판단하며 읽어야 해요.

✦근거 자료의 적절성

- 자료가 근거의 내용과 관련 있어야 하고, 믿을 수 있는 자료를 활용해야 함.
- 수를 제시할 때에는 정확한 숫자를 사용해야 함.
- 자료의 출처가 분명한 최신 자료를 사용해야 함.
- 신문 기사, 책, 전문가의 의견, 통계 자료 등을 활용할 수 있음.

확인 문제를 풀어 보며 개념을 익혀요.

다음 빈칸에 들어갈 낱말로 알맞은 것을 연결하세요.

1 자료는 [   ]의 내용과 관련이 있어야 한다. •

• ① 근거

2 인터넷에서 찾은 자료는 [   ]가 믿을 만한 곳인지 확인한다. •

• ② 출처

근거 자료에 대한 설명으로 알맞으면 ○표, 알맞지 않으면 ✕표 하세요.

3 오래된 자료일수록 가치가 있다. (   )

4 믿을 수 있는 신문 기사, 책, 통계 자료 등을 사용할 수 있다. (   )

5 근거 자료는 많으면 많을수록 좋기 때문에 찾은 자료는 모두 사용한다.
(   )

6 수를 제시할 때에는 주장을 뒷받침하기 알맞은 숫자로 바꾸어서 사용한다.
(   )

정답 1① 2② 3✕ 4○ 5✕ 6✕

선별적 복지와 보편적 복지

1회독

● 각 글에서 주장하는 복지 제도의 뜻에 〰️

● 각 글에서 주장하는 내용에 ◯

● 주장에 대한 근거에 [ ]

가 선별적 복지가 옳다

1 선별적 복지란 특정한 조건을 갖춘, 도움이 필요한 사람에게만 복지 혜택을 제공하는 것이다. 선별적 복지에서는 소득 수준, **자산**˚ 수준 등의 조건으로 혜택을 받을 사람을 결정한다. 국가가 복지 제도를 통하여 국민을 돕는 가장 효과적인 방법은 바로 선별적 복지 정책을 펼치는 것이다. 왜 선별적 복지가 필요한 것일까?

2 첫째, 어려운 사람을 효과적으로 도울 수 있다. 모든 사람에게 혜택을 주는 보편적 복지와 달리 선별적 복지는 도움이 꼭 필요한 사람에게만 복지 혜택을 집중시킨다. 부자나 고소득자와 같이 도움이 필요 없는 사람은 제외하고, 도움이 꼭 필요한 사람들에게 더 많은 혜택을 줄 수 있기에 한정된 복지 **예산**˚으로 최대의 효과를 낼 수 있다.

3 둘째, 복지 제도를 지속할 수 있게 해 준다. 어려운 사람에게 도움이 될 만한 금액을 모든 사람에게 지원한다고 생각해 보자. 이는 국가에 큰 부담을 줄 수밖에 없다. 반면 선별적 복지를 통해 필요한 사람에게만 지원하면 국가의 부담이 상대적으로 적어지므로 더 오래 안정적으로 복지 제도를 유지할 수 있다.

4 복지 제도는 모든 사람이 일정 수준 이상 살아갈 수 있도록 돕기 위해 존재한다. 따라서 가장 도움이 필요한 이들을 효과적으로 도울 수 있는 선별적 복지를 택해야 할 것이다.

● **자산**(資 재물 자, 産 낳을 산) 가지고 있는 재산.

● **예산**(豫 미리 예, 算 계산 산) 필요한 비용을 미리 셈하여 계산함. 또는 그 비용.

구조 읽기 빈칸에 알맞은 낱말을 써넣으며 내용을 정리해 보세요.

정답 및 해설 **20쪽**

1 국민을 돕는 가장 효과적인 복지 제도는 필요한 사람에게만 복지 혜택을 제공하는 ❶ ㅅ ㅂ ㅈ 복지 정책임.

2 선별적 복지 정책은 어려운 사람을 효과적으로 도울 수 있음.

3 선별적 복지 정책은 ❷ ㅂ ㅈ 제도를 지속할 수 있게 해 줌.

4 가장 도움이 필요한 이들을 효과적으로 도울 수 있는 선별적 복지를 택해야 함.

2회독 빈칸을 채우지 못했다면 다시 꼼꼼히 읽어요!

🌀 보편적 복지가 옳다

5 보편적 복지는 누구나 복지 혜택을 받을 수 있도록 하는 정책이다. 소득이나 자산 수준에 상관없이 모든 사람이 복지 혜택을 받는 것으로, 학교에서 모든 학생이 돈을 내지 않고 급식을 이용하는 것이 이에 속한다. 국가는 보편적 복지를 통해 평등한 사회를 만들어야 한다. 보편적 복지가 옳은 까닭은 다음과 같다.

6 첫째, 안정적인 사회를 만들 수 있다. 보편적 복지를 통하여 모든 사람이 복지 혜택을 받는다면 모두가 일정 수준 이상의 혜택을 받으므로 사회 분위기가 안정적일 수 있다. 또한 인터넷의 어떤 누리집에 따르면, 보편적 복지가 시행되는 사회에서는 사람들이 어떤 위기에 처하더라도 **무상**[*] 교육, 무상 의료, 무상 보육 등의 제도를 통해 안정적으로 삶을 이어갈 수 있다고 한다.

7 둘째, **행정적**[*] 효율성이 높다. 만약 어떤 기준을 충족하는 사람에게만 복지 혜택을 준다면, 국가는 그 기준에 해당하는 사람을 모두 조사하여 선별해야 한다. 이런 일을 처리하기 위해서도 비용이 필요한데, 보편적 복지는 이런 과정이 필요 없다. 실제로 아동이 있는 가정에 돈을 지원하는 아동 수당은 소득이 낮은 사람들에게만 지원하려고 계획되었었다. 하지만 대상자를 선별하는 행정 비용이 컸기 때문에 보편적 지급으로 변경되었다.

8 모두가 행복한 사회를 만들기 위한 복지 정책이 누구는 받고, 누구는 받지 못하는 또 다른 차별을 낳아서는 안 된다. 따라서 모든 국민이 평등하게 복지 혜택을 누릴 수 있는 보편적 복지야말로 진정한 복지 정책이라고 할 수 있다.

● **무상**(無 없을 무, 償 갚을 상) 어떤 행위에 대하여 아무런 대가나 보상이 없음.

● **행정적**(行 다닐 행, 政 정사 정, 的 과녁 적) 정부가 법에 따라 나라를 다스리는 것. 규칙에 따라 공적인 일을 처리하는 것.

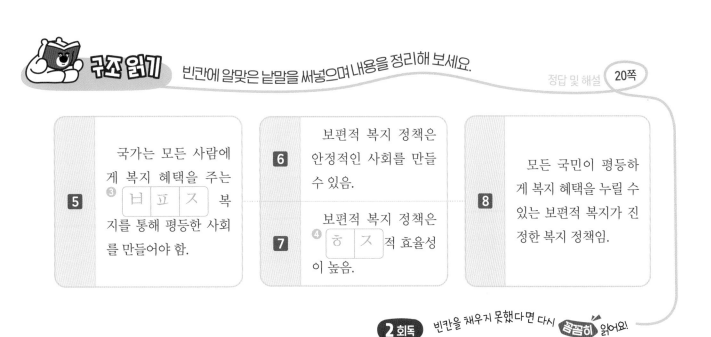

구조 읽기 빈칸에 알맞은 낱말을 써넣으며 내용을 정리해 보세요.

정답 및 해설 **20쪽**

5 국가는 모든 사람에게 복지 혜택을 주는 ❸ ⬚ㅂ ㅍ ㅈ⬚ 복지를 통해 평등한 사회를 만들어야 함.

6 보편적 복지 정책은 안정적인 사회를 만들 수 있음.

7 보편적 복지 정책은 ❹ ⬚ㅎ ㅈ⬚ 적 효율성이 높음.

8 모든 국민이 평등하게 복지 혜택을 누릴 수 있는 보편적 복지가 진정한 복지 정책임.

2회독 빈칸을 채우지 못했다면 다시 **꼼꼼히** 읽어요!

1 글 **가**, **나**에서 주장하는 내용을 한 문장으로 정리한 것입니다. 괄호 안에 들어갈 알맞은 말에 각각 ○표 하세요.

(1) 글 **가**	(도움이 필요한 사람에게만 , 모든 사람에게) 복지 혜택을 제공하는 선별적 복지 정책을 펼쳐야 한다.
(2) 글 **나**	(도움이 필요한 사람에게만 , 모든 사람에게) 복지 혜택을 제공하는 보편적 복지 정책을 펼쳐야 한다.

2 이 글의 내용과 일치하지 <u>않는</u> 것은 무엇인가요? (   )

① 학교 무상 급식은 보편적 복지에 해당한다.
② 아동 수당은 행정적 효율성을 위해 보편적 복지로 변경되었다.
③ 선별적 복지 정책은 한정된 예산으로 최대의 효과를 낼 수 있다.
④ 선별적 복지는 보편적 복지보다 국가의 부담이 상대적으로 적다.
⑤ 보편적 복지를 위해서는 조건에 해당하는 사람을 조사하는 과정이 필요하다.

3 다음은 글 **가**, **나** 중 어떤 주장을 뒷받침하는 근거에 해당하는지 각각 글의 기호를 쓰세요.

(1) 행정적 효율성이 높다. (   )
(2) 안정적인 사회를 만들 수 있다. (   )
(3) 복지 제도를 지속할 수 있게 해 준다. (   )
(4) 어려운 사람을 효과적으로 도울 수 있다. (   )

4 **6**문단에서 제시한 근거 자료가 적절하지 <u>않은</u> 까닭에 ○표 하세요.

(1) 정확하지 않은 숫자를 사용했다. (   )
(2) 출처가 분명하지 않은 자료를 사용했다. (   )
(3) 최신 자료가 아닌 오래된 자료를 사용했다. (   )

5 다음 그래프를 보고, 각 나라별 복지 제도에 대해 <u>잘못</u> 이해하고 말한 친구의 이름에 ○표 하세요.

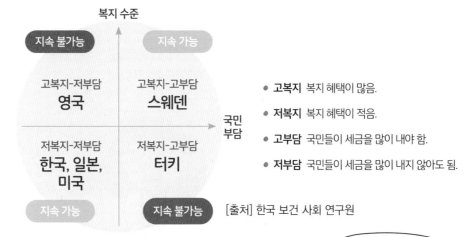

복지 수준

지속 불가능	지속 가능
고복지 - 저부담 **영국**	고복지 - 고부담 **스웨덴**
저복지 - 저부담 **한국, 일본, 미국**	저복지 - 고부담 **터키**
지속 가능	지속 불가능

국민 부담

- **고복지** 복지 혜택이 많음.
- **저복지** 복지 혜택이 적음.
- **고부담** 국민들이 세금을 많이 내야 함.
- **저부담** 국민들이 세금을 많이 내지 않아도 됨.

[출처] 한국 보건 사회 연구원

스웨덴은 국민들이 세금을 많이 내고, 복지 수준도 높은 것을 보니 보편적 복지 정책을 많이 펼치는 것 같아.
한들

한국, 일본, 미국은 국민들이 세금을 적게 내고, 복지 혜택도 적은 것을 보니 평등한 사회를 이루었다는 것을 알 수 있어.
서연

영국이나 터키와 같이 국민들이 내는 세금과 복지 혜택이 적절하게 균형을 이루지 못하면 복지 제도를 지속하기 어렵다는 것을 알 수 있어.
준우

다른 사람을 설득하기에 알맞은 적절한 근거 자료의 조건을 생각해 보아요.

6 다음 두 근거 자료 중 적절한 것을 고르고, 그 자료를 고른 까닭을 함께 써 보세요.

(1) 내 동생이 친구들에게 물어본 결과 정말 많은 사람이 모든 사람에게 복지 혜택을 주는 정책을 원했다.

(2) 한국 보건 사회 연구원의 조사에 따르면 '복지는 전 국민이 아니라 가난한 사람에게만 제한적으로 제공할 필요가 있다'는 의견에 35 %가 찬성, 42 %가 반대했다.

(　　　　　)번 근거 자료가 적절하다. 왜냐하면

10 기행문을 읽는 방법

여행을 하면서 겪은 일과 그때의 생각이나 느낌이 생생하게 나타나 있는 기행문은 여정을 파악하고, 견문과 감상을 구분하며 읽으면 좋아요.

✦ **기행문을 읽는 방법** · **처음** – 여행한 까닭이나 목적을 살펴보며 읽음. 여행을 떠나기 전의 기대와 설렘, 교통편, 여행 일정 소개 등이 나타나 있음.

· **가운데** – 여행지에서 다닌 곳, 보고 들은 것, 생각하거나 느낀 것과 같이 여행하면서 있었던 일을 살펴보며 읽음. 인상 깊은 경험이나 느낌, 새롭게 안 사실 등이 나타나 있음.

· **끝** – 여행의 전체 감상을 살펴보며 읽음. 여행하면서 느낀 만족감, 아쉬움, 다짐이나 반성, 앞으로 있을 계획이나 각오 등이 나타나 있음.

1 기행문의 '처음, 가운데, 끝' 부분을 읽을 때에 각각 주의 깊게 보아야 할 내용을 연결하세요.

(1) 처음 •

(2) 가운데 •

(3) 끝 •

• ① 여행의 전체 감상을 살펴보며 읽는다.

• ② 여행한 까닭이나 목적을 살펴보며 읽는다.

• ③ 여행하면서 있었던 일을 살펴보며 읽는다.

2 기행문의 흐름을 생각하며 다음 내용을 차례대로 나열하여 번호를 쓰세요.

① 우리가 처음 방문한 할리우드는 20세기 초 영화 제작자들이 이곳에 자리 잡은 후 미국 영화 산업의 중심지가 되었다고 한다. 할리우드 거리에는 많은 영화배우와 유명인들의 손도장이 있었는데 한국 배우 이름도 적혀 있었다. 외국에서 우리나라 배우의 이름을 보니 새삼 반가웠다.

② 그렇게 일주일이라는 시간이 마치 꿈처럼 지나갔다. 한국으로 돌아가는 비행기에서 우리가 머물렀던 로스앤젤레스가 보였다. 더 넓은 세상을 보니 내 꿈도 넓어졌다. 외교관이 되어 미국뿐만 아니라 세계를 누비는 삶을 살아 보고 싶어졌다.

③ 다음으로 향한 곳은 그리피스 천문대였다. 그리피스 천문대는 영화 라라랜드로 유명한 곳이다. 그리피스 천문대는 높은 곳에 있어서 로스앤젤레스의 모습이 한눈에 들어왔다. 드넓게 펼쳐진 풍경을 보니 내 마음도 시원했다.

④ 날이 밝았다. 내 마음만큼이나 날씨는 화창했다. 우리 가족은 공항으로 가는 버스에 올라탔다. 우리의 목적지는 할머니가 살고 계신 미국 로스앤젤레스이다.

(   )➡(   )➡(   )➡(   )

시베리아를 통과해 바이칼 호수로

1회독

여정에 ○
견문에 〰
감상에 [　]

👣 앗! 시베리아가 위험해!

빼빼가족은 블라디보스토크에서 출발해 바이칼 호수로 가기로 했어. 바이칼 호수는 지리적으로도 역사적으로도 매우 중요한 의미를 가지고 있어서 빠뜨릴 수 없는 곳이거든. ⟨　㉠　⟩

그런데 블라디보스토크에서 바이칼 호수까지 가려면 시베리아를 통과해야 하는데 문제가 좀 있었어. 모두들 두 팔을 걷어붙이고 말렸거든. 차를 타고 그 **허허벌판**˚을 통과하는 건 너무 위험하다는 거야. 그래도 빼빼가족은 부딪혀 보기로 했어. 길을 나선다는 건 원래 위험한 일이니까. 참 대책도 없이 용감한 가족이지?

시베리아 하면 어떤 생각이 가장 먼저 떠오르니? 엄청나게 춥고 고드름이 매달려 있고, 사방이 꽁꽁 얼어붙어 있고, 바람이 쌩쌩 불 것만 같지? 그런데 늘 그런 것만은 아니야. 전체적으로 **냉랭한**˚ 건 맞지만, 그곳에도 계절은 있거든. 한겨울인 1월에는 영하 48도에서 영하 14도쯤이지만, 7월에는 영상 12도에서 23도쯤이야. 어때, 여름에는 살 만할 것 같지 않니? 그리고 러시아는 천연가스와 석유 등 자원이 풍부하기로도 유명한데, 이 시베리아 지역에 많이 묻혀 있다는 말씀. 어때, 중요한 곳이라는 느낌이 확 오지?

빼빼가족이 시베리아를 찾았을 때 그곳은 짧은 봄을 맞고 있었어. 자작나무 숲이 마치 바다처럼 펼쳐져 있고, 넓은 벌판에는 이름 모를 꽃들이 한가득 피어나 있었지! 긴 겨울 동안 숨죽여 기다리다가 봄을 맞아 마음껏 에너지를 뽐내는 생명들로 가득한 시베리아 벌판은 정말 절로 감탄을 불러일으켰어. ⟨　㉡　⟩

또 사람들이 말했던 것처럼 시베리아가 위험하기만 한 곳도 아니었단다. 그곳에서도 빼빼가족은 친절한 사람들을 많이 만났고 도움도 받았어. 이렇게 혼자만의 생각과 실제는 엄청나게 다른 것! ⟨　㉢　⟩

● **허허벌판** 끝없이 넓고 큰 벌판.

● **냉랭**(冷 찰 냉, 冷 찰 랭)**하** 다 온도가 몹시 낮아서 차다.

러시아의 시베리아 남쪽에 ▼
위치한 바이칼 호수

🕭 시베리아의 푸른 눈, 바이칼 호수

바이칼 호수는 별명이 정말 많아. '성스러운 바다', '세계의 민물 창고', '시베리아의 푸른 눈', '시베리아의 진주' 등등. 사람 손을 많이 타지 않아서 지구상에서 가장 깨끗한 물이라고도 해. 어찌나 맑은지 그 바닥이 훤히 들여다보일 정도야.

바이칼은 '큰 물'이라는 뜻인데, 이름 그대로 길이는 630킬로미터, 폭은 20~80킬로미터, 둘레는 무려 2,200킬로미터야. 그 크기가 한반도의 3분의 1과 맞먹는다니 얼마나 큰 호수인지 짐작이 가니? 오죽하면 엄연한 호수인데도 '바다'라는 별명이 생겼겠어. 세계에서 가장 깊은 호수이자, 세계 **담수**˙량의 20퍼센트를 차지하고 있대. (중략)

이곳 사람들은 오물(Omul)이라는 생선을 **훈제**˙로 해서 많이 먹는데 그 맛이 끝내줘. 낯선 물고기들이 가득하지만, 호수 어부들은 우리나라 시골 장터에서 흔히 볼 수 있는 정겨운 얼굴을 하고 있어. 우리랑 생김새도 비슷하고 아가들 엉덩이에는 몽고반점도 있고, 마을 어귀의 **솟대**˙나 나무에 울긋불긋 천을 매달아 놓은 모습도 친숙했지. 아마 이곳 사람들은 우리 민족과 인연이 많은 것 같아. 우리나라 '선녀와 나무꾼' 비슷한 설화도 있고, 강강술래 비슷한 춤도 춘다니 정말 비슷한 게 많지?

- **담수**(淡 맑을 담, 水 물 수) 강이나 호수 따위와 같이 염분이 없는 물. 민물.
- **훈제**(燻 연기 낄 훈, 製 지을 제) 소금에 절인 고기나 생선을 나무를 태워서 나는 연기에 그을려 말리는 것.
- **솟대** 마을 수호신 및 경계의 상징으로 마을 입구에 세운 장대. 장대 끝에는 나무로 만든 새를 붙인다.

▲ 솟대

 빈칸에 알맞은 낱말을 써넣으며 내용을 정리해 보세요.

정답 및 해설 **22**쪽

삐삐가족은 블라디보스토크에서 출발해서 ❶ [ㅅ][ㅂ][ㄹ][ㅇ]를 통과해 바이칼 호수로 감.

여정	견문	감상
시베리아	시베리아가 전체적으로 냉랭한 건 맞지만, 여름에는 영상 12도에서 23도쯤으로 살 만하고, 천연가스와 석유 등 ❷ [ㅈ][ㅇ]이 많이 묻혀 있음.	• 봄을 맞아 에너지를 뿜내는 생명들로 가득한 시베리아 벌판은 감탄스러움. • 시베리아가 위험한 곳만은 아니었음. 친절한 사람들을 많이 만났고 도움도 받음.
바이칼 호수	'큰 물'이란 뜻의 ❸ [ㅂ][ㅇ][ㅋ] 호수는 지구상에서 가장 깨끗한 물이라고도 함. 크기가 한반도의 3분의 1과 맞먹고, 세계에서 가장 깊은 호수임.	• 이곳 사람들은 오물(Omul)이라는 생선을 먹는데 그 맛이 끝내줌. • 우리랑 생김새도 비슷하고, 솟대, 설화, 춤 등 문화도 비슷함.

2 회독 빈칸을 채우지 못했다면 다시 꼼꼼히 읽어요!

10. 기행문을 읽는 방법 **69**

1 이와 같은 글을 쓴 목적으로 가장 알맞은 것은 무엇인가요? (   )

① 천연자원의 중요성에 대해 설명하기 위해서

② 블라디보스토크와 시베리아 여행을 광고하기 위해서

③ 자신의 평범한 일상을 다른 사람들과 공유하기 위해서

④ 여행을 하면서 겪은 일과 그때 느낀 감정을 기록하고 소개하기 위해서

⑤ 해외여행을 안 가 본 사람들에게 해외여행의 좋은 점을 설득하기 위해서

2 이 글을 읽고 알 수 있는 내용이 <u>아닌</u> 것은 무엇인가요? (   )

① 바이칼 호수는 별명이 많다.

② 바이칼은 '큰 물'이라는 뜻이고 세계에서 가장 깊은 호수이다.

③ 바이칼 호수 주변에 사는 사람들은 오물(Omul)을 훈제로 해서 먹는다.

④ 빼빼가족은 시베리아에서 친절한 사람들을 많이 만났고 도움도 받았다.

⑤ 시베리아는 일 년 내내 사방이 꽁꽁 얼어붙어 있어서 꽃과 나무를 볼 수 없다.

3 이 글을 읽는 방법으로 알맞은 것에 ○표 하세요.

(1) 글의 내용이 실제 사실인지 판단하며 읽는다. (   )

(2) 여행에서 얻은 견문과 감상을 살펴보며 읽는다. (   )

(3) 더 재미있고 유익한 다른 여행지를 찾아보며 읽는다. (   )

4 ㉠~㉢ 중 다음 내용이 들어가기에 알맞은 곳의 기호를 쓰세요.

> 출발 전 막내 진우가 물었어.
> "그런데 바이칼 호수까지는 얼마나 걸려요?"
> "음, 한 5,000킬로미터!"
> 하하. 너무 멀어서 입이 떡 벌어지지? 그게 얼마나 먼 거냐고? 차를 타고 서울에서 부산까지 가는 거리가 400킬로미터 약간 넘는다고 하면 느낌이 좀 오려나? 열 배가 넘는 거리야.

(   )

5 이 글과 다음 빼빼가족의 러시아 기행문 차례를 참고하여, 여정을 지도에 화살표로 표시해 보세요.

세계에서 가장 큰 나라 러시아
1. 러시아가 우리나라랑 이어져 있다고?!
2. 앗! 시베리아가 위험해!
3. 시베리아의 푸른 눈, 바이칼 호수
4. 무엇으로 아시아와 유럽을 나눌까?
5. 러시아의 수도, 모스크바
6. 유럽으로 이어 주는 곳, 상트페테르부르크

6 이 글을 읽고 깨달은 점을 알맞게 말한 친구의 이름에 ○표 하세요.

아는 길도 물어 가랬다라는 말처럼 여행할 때는 조심 또 조심해야 해. 어떤 일이 생길지 알 수 없으니 말이야.

예슬

백 번 듣는 것이 한 번 보는 것만 못하다는 말도 있듯이 여행을 통해 직접 경험해 보는 게 중요해.

승민

여행을 많이 할수록 고정 관념이 생기는 것 같아. 대책도 없이 길을 나서는 건 정말 위험해.

지안

여행을 다녀온 경험을 떠올려 보거나 가 보고 싶은 여행지, 해 보고 싶은 여행 등을 바탕으로 자유롭게 생각을 정리해 보아요.

7 여행의 좋은 점이 무엇이라고 생각하는지 써 보세요.

3 [★]

주차 에서 우리는

11 고전 소설의 특징

고전 소설은 19세기 이전에 창작된 소설을 이르는 말이에요. 평민 계층이 많이 읽었기 때문에 신분 차별에 대한 내용이나 착한 사람은 복을 받고 악한 사람은 벌을 받는다는 권선징악이 주제로 많이 등장해요. 선조들의 지혜와 삶의 가치를 생각하며 글을 읽으면 좋아요.

✦고전 소설 ・김시습, 김만중, 허균 등 작가가 있는 경우도 있으나 오랜 시간에 걸쳐 다수의 민중에 의해 집단 창작된 경우가 많음.

・설화를 바탕으로 좀 더 체계를 갖춘 이야기로, 현실에서는 있을 수 없는 기이한 사건을 다루거나 탁월한 능력을 가진 영웅이 나옴.

・주인공의 탄생부터 죽음까지 시간의 흐름에 따라 주인공의 일생을 다루는 구성이 많음.

・대부분의 작품이 행복한 결말을 맺음.

확인 문제를 풀어 보며 개념을 익혀요.

1~3 **다음 괄호 안에 들어갈 말로 알맞은 것에 ○표 하세요.**

1 고전 소설은 19세기 이전에 창작된 소설을 이르는 말로, (대화 , 설화)를 바탕으로 좀 더 체계를 갖춘 이야기를 말한다.

2 고전 소설은 오랜 시간에 걸쳐 (다수의 민중 , 한 명의 작가)에 의해 창작된 경우가 많다.

3 고전 소설은 주로 (기이한 , 평범한) 사건을 다루거나 탁월한 능력을 가진 영웅이 주인공으로 나온다.

4~5 **고전 소설의 특징 중 다음 이야기에 나타난 것을 알맞게 연결하세요.**

4 최치원은 신라 시대 육두품 출신이었지만 엄격한 신분 제도 때문에 뛰어난 능력에도 불구하고 높은 벼슬에 나아갈 수 없었다.

• ① 권선징악

5 흥부는 다리가 부러진 제비 새끼를 도와주었더니 제비가 박씨를 물어다 주었고 박에서 금은보화가 쏟아져 부자가 되었다. 흥부가 부자가 되었다는 소식을 들은 놀부는 멀쩡한 제비 다리를 부러뜨리고 고쳐 주었다. 놀부가 탄 박에서는 거지 떼가 나와 놀부의 재산을 몽땅 가져가 버리고 놀부는 하루아침에 거지 신세가 되었다.

• ② 신분제로 인한 차별

홍길동전

글 허균

1회독

🔖 등장인물에

🔖 시대적 배경을 알 수 있는 부분에

🔖 중심 사건에 [ ]

길동이 어느덧 여덟 살이 되었을 때, 길동의 총명함은 보통을 뛰어넘어서 하나를 들으면 백 가지를 깨달았다. 게다가 재주가 뛰어나고 **배포**˚가 커, 홍 판서는 영특한 길동을 마음속으로 사랑하고 소중히 여겼다. 하지만 ㉠천한 신분의 어미에게서 태어났기 때문에 아버지를 아버지라 부르고 형을 형이라 부르면 하지 못하게 꾸짖었다. 이를 아는 종들도 길동을 **천대하였다**˚. 길동은 원통한 마음이 뼈까지 사무쳐 좀처럼 마음을 잡지 못하고 방황했다.

㉮ ┌ "대장부가 세상에 태어나 공자와 맹자를 본받지 못하면, 차라리 병법을 익
│ 혀 대장군이 되어 나라에 큰 공을 세우고 이름을 후대에 빛내는 것이 장부
│ 가 해야 할 기쁜 일일 것이다. 그런데 내 운명은 어찌 이리 기구한가! 아버지
│ 와 형이 있어도 아버지를 아버지라 부르지 못하고 형을 형이라 부르지 못하
└ 니, 어찌 원통하지 않겠는가!"

길동은 심란한 마음에 뜰에 내려와 검술을 연습했다.

마침 홍 판서가 길동을 보고 불러 물었다.

"너는 무슨 일이 있기에 깊은 밤까지 잠을 자지 않고 있느냐?"

"소인에게 궁금한 것이 있사옵니다. 하늘이 만물을 창조할 때 사람을

가장 귀하게 만들었지만 소인에게는 귀함이 없으니 어찌 사람이라 하겠습니까?"

홍 판서가 그 말의 뜻을 짐작하나 짐짓 꾸짖어 말했다.

"㉡재상 집안에 천한 노비의 자식이 너뿐이 아닌데, 너는 어찌 이리 **방자한**˚ 것이냐? 앞으로 한 번 더 이런 말을 꺼내면 다시는 너를 보지 않을 것이다."

길동은 감히 한마디 말도 더 고하지 못하고 땅에 엎드려 눈물만 흘릴 뿐이었다. 홍 판서가 물러가라 명하니, 길동은 방으로 돌아와서도 슬픔을 떨칠 수 없었다.

● **배포**(排 물리칠 배, 布 베 포) 머리를 써서 일을 조리 있게 계획함.

● **천대**(賤 천할 천, 待 기다릴 대)**하다** 업신여기어 천하게 대우하거나 푸대접하다.

● **방자**(放 놓을 방, 恣 방자할 자)**하다** 어려워하거나 조심스러워하는 태도가 없이 무례하고 건방지다.

하루는 길동이 어머니에게 찾아가 말했다.

"소자를 낳아 주신 어머니의 은혜는 끝이 없습니다. 그러나 소자의 팔자가 복이 없어 천한 몸이 되니 품은 한이 깊습니다. 사내대장부가 세상에 태어나 남의 천대를 받고 살 수는 없겠지요. 소자는 제 마음을 이기지 못해 이제 어머니의 **슬하**˙를 떠나려 합니다. 어머니는 저를 염려하지 마시고 부디 귀한 몸을 소중히 돌보십시오."

그 어미가 듣고 매우 놀라 말했다.

"재상 집안에 노비에게서 태어난 자식이 너뿐이 아니거늘, 어찌 마음을 좁게 먹어 이 어미의 애를 태우느냐?"

길동이 **결연히**˙ 대답했다.

"옛날 사람 중에 노비에게서 태어났으나 열세 살에 그 어미와 이별하고 산으로 들어가 도를 닦아 이름을 후세에 전한 장충의 아들 길산이 있다고 들었습니다. 소자도 그를 본받아 세상을 벗어나려 하니 어머니는 안심하시고 뒷날을 기다리십시오. 그간 곡산 어미의 행동을 보니 대감의 총애를 잃을까 봐 어머니와 저를 원수같이 여기고 있습니다. 이 때문에 큰 화를 입을 수도 있으니 어머니는 소자가 떠나는 것을 염려하지 마십시오."

길동의 말에 어머니 춘섬은 눈물을 훔쳤다.

● **슬하**(膝 무릎 슬, 下 아래 하) 무릎의 아래라는 뜻으로, 어버이나 조부모의 보살핌 아래.

● **결연**(決 결정할 결, 然 그러할 연)**히** 움직일 수 없을 만큼 확고한 마음가짐이나 행동으로.

 **구조 읽기** 빈칸에 알맞은 낱말을 써넣으며 내용을 정리해 보세요.

정답 및 해설 24쪽

배경	사건
길동이 여덟 살이 되었을 때, 깊은 밤 ❶ ㄸ 에서	길동은 천한 신분 때문에 종들에게까지 천대를 받고, 원통한 마음이 뼈까지 사무쳐 마음을 잡지 못하고 방황함. ❷ ㄱㄷ 은 홍 판서에게 자신의 원통함을 이야기했지만, 홍 판서는 오히려 크게 꾸짖음.
길동이 어머니를 찾아간 곳에서	결국 길동은 ❸ ㅇㅁㄴ 의 슬하를 떠나 세상을 벗어나려 하니 어머니는 안심하시고 뒷날을 기다리시라고 말함.

2 회독 빈칸을 채우지 못했다면 다시 **꼼꼼히** 읽어요!

1 이 이야기에 소제목을 붙인다고 할 때 알맞은 것에 ○표 하세요.

(1) 다시 어머니를 만나다   (   )

(2) 곡산 어미의 행동을 본받다   (   )

(3) 아버지를 아버지라 부르지 못하다   (   )

2 홍 판서와 춘섬이 길동을 꾸짖은 까닭은 무엇인가요?   (   )

① 길동을 사랑하지 않아서

② 길동이 집을 떠날까 봐 걱정되어서

③ 길동이 검술을 더 열심히 연습하도록 하려고

④ 길동이 부모님을 원수같이 여길까 봐 두려워서

⑤ 길동의 마음이 약해지거나 방자해질까 봐 염려되어서

3 ㉠, ㉡을 통해 짐작할 수 있는 당시의 상황으로 알맞은 것을 연결하세요.

(1) ㉠ •

(2) ㉡ •

• ① 재상 같은 양반 집안에서는 아내 외에 다른 여성을 첩으로 삼는 일이 흔했다.

• ② 어머니의 신분이 천하면 그 자식까지 차별을 받았고 제약도 많았다.

4 다음은 이 이야기의 뒷부분 줄거리로, 고전 소설의 특징이 드러나 있습니다. 빈칸에 알맞은 말을 차례대로 쓰세요.

> 길동은 집을 떠나 도적 무리의 우두머리가 된다. 그리고 탐관오리들이 백성들을 들볶아 착취한 재물을 빼앗아 죄 없는 백성들에게 나누어 주었다. 길동을 따르는 자들은 점점 늘어나고, 길동은 율도국이라는 나라를 세우고 그곳의 왕이 되어 태평성대를 이룬다.

• 고전 소설은 평민 계층이 쉽게 접하고 많이 읽었다. 그래서 착한 사람은 복을 받고 악한 사람은 벌을 받는 (1) (   )이 주제로 많이 등장했고, 대부분의 작품이 (2) (   ) 결말을 맺는다.

5 위 **4**에 나온 이 이야기의 뒷부분 줄거리를 참고하여 이와 비슷한 이야기를 떠올려 알맞게 말한 친구의 이름에 ○표 하세요.

여우에게 도술을 얻어, 그 능력으로 임금의 황금 들보를 빼앗아 가난한 백성들에게 쌀을 나누어 준 '전우치'가 생각나. 힘없는 백성의 편에 서서 횡포를 부리는 관리를 혼내 주는 전우치의 모습이 홍길동과 비슷해.

예슬

용왕의 병을 고치기 위해 토끼의 간을 구하려고 온 자라에게 속아 아무것도 모르고 따라나선 「별주부전」의 토끼가 생각나. 목숨을 잃을 수 있는 상황에서 재치를 발휘하여 위기에서 벗어난 토끼의 모습이 홍길동과 닮았어.

승민

6 다음 내용을 바탕으로 ㉩ 부분에 담긴 뜻을 잘못 이해한 것에 ×표 하세요.

> 양반과 양민 여성 사이에서 낳은 아들을 뜻하는 '서자'와 양반과 천민 여성 사이에서 낳은 아들을 뜻하는 '얼자'를 줄인 말인 '서얼'은 양반과 평민의 중간에 있던 신분 계급인 중인에 해당하는 처우를 받았다. 문과 시험 응시가 금지되는 등 사회 진출에 제약이 따랐고, 집안의 대를 이을 수도 없었다.

(1) 서얼은 대장군이 될 수 있어서 검술을 연습한 것이다.　　　　（　　　　）

(2) 공자와 맹자를 본받지 못한다는 것은 문과 시험 응시가 금지된 것 때문이다.
　　　　　　　　　　　　　　　　　　　　　　　　　　　　（　　　　）

(3) 서얼은 아버지를 아버지라고도 부르지 못하고 집안의 대를 이을 수도 없었다.　　　　　　　　　　　　　　　　　　　　　　　　　　　（　　　　）

> 📎 마음을 잡지 못하고 방황하는 길동을 위로하는 말이나 결국 집을 떠나기로 결심한 길동을 응원하는 말을 해 줄 수 있어요.

7 신분 차별을 겪고 있는 길동에게 하고 싶은 말을 편지로 간단히 써 보세요.

_____

_____

_____

12 뉴스가 생활에 미치는 영향

사람들에게 중요하거나 흥미로운 사건을 때에 알맞게 보도하는 것을 뉴스라고 해요. 뉴스를 볼 때에는 뉴스에 담긴 관점이 무엇인지 파악해야 해요. 그리고 사건에 대한 다양한 관점을 고려하여 내 의견을 정리하거나 다양한 입장에 대하여 균형 잡힌 시각을 가져야 해요.

✛뉴스가 생활에 미치는 영향 ・사람들에게 새로운 정보를 알려 줌.
　・어떤 일을 긍정적이거나 비판적인 시각으로 보게 함.
　・여러 사람의 생각에 영향을 주어 여론을 형성하기도 함.

짧은 글로
개념 확인 확인 문제를 풀어 보며 개념을 익혀요.

1 다음 중 뉴스에 대한 설명으로 알맞은 내용에는 ○표, 잘못된 내용에는 ×표 하세요.

(1) 모든 일을 긍정적인 시각으로 보게 한다. (   )
(2) 사람들이 이미 다 알고 있는 정보를 전달한다. (   )
(3) 여러 사람의 생각에 영향을 주어 여론을 형성하기도 한다. (   )
(4) 사람들에게 중요하거나 흥미로운 사건을 때에 알맞게 보도한다. (   )

2 다음과 같은 뉴스를 보는 까닭으로 알맞은 것에 ○표 하세요.

> 자세한 강수 구역과 시간을 살펴보겠습니다. 오늘 내리는 소나기는 짧은 시간 동안 좁은 지역에 집중되면서 일시적으로 강하게 내릴 수 있고, 같은 지역 내에서도 강수량의 차이가 클 수 있습니다. 실시간 기상 레이더 영상과 최신 기상 정보를 참고하시기 바랍니다.

(1) 날씨를 알고 대비하기 위해서 (   )
(2) 날씨에 대한 과학적인 지식을 얻기 위해서 (   )

3 다음과 같은 뉴스를 보도하는 까닭으로 알맞은 것에 ○표 하세요.

> 울릉 해안에는 건설 폐기물, 플라스틱, 폐타이어, 폐그물, 스티로폼, 페트병 등 많은 양의 쓰레기가 해류를 타고 몰려옵니다. 또한, 관광객이나 어민들이 함부로 버리는 쓰레기의 양도 만만치 않은데요. 동해안 최초로 해양 보호 구역으로 지정된 울릉도 해안을 보호하기 위해, 조깅을 하면서 쓰레기를 줍는 '줍깅'에 참여하는 자원봉사자는 점점 느는 추세입니다. 많은 이들이 아름다운 울릉도를 지키기 위해 노력하고 있습니다.

(1) 울릉도에서의 어업 활동을 지지하기 위해서 (   )
(2) 울릉도의 환경 보호에 대한 중요성을 알리기 위해서 (   )
(3) 환경 보호 규정을 지키지 않는 사람들을 비판하기 위해서 (   )

정답 1 (1) × (2) × (3) ○ (4) ○ 2 (1) ○ 3 (2) ○

'공정 무역 전문가 초청 강연' 개최

1회독

🔖 뉴스에서 다루고 있는 중심 글감에 ⭘

🔖 뉴스에 담긴 관점을 알 수 있는 부분에 〰️

🔖 뉴스를 읽고 새로 알게 된 정보에 [　]

뉴스 진행자: 오늘은 최근 사회적 관심이 집중되고 있는 공정 무역에 대한 내용을 준비했습니다. 김능률 기자, 전해 주시죠.

기자: **1** 전 세계에 먹을 것이 없어 굶주리는 절대 빈곤자가 12억 명이라고 합니다. 이들 중 대부분은 남반구에 있는 저개발국 농민들로, 식자재의 생산자인 농민들이 굶는 의아한 상황은 불공정한 무역 구조 때문에 발생합니다. 커피를 예로 들면 연간 커피 매출은 7,500조 정도이지만 3천5백만 명에 달하는 농민에게는 매출의 0.5퍼센트밖에 돌아가지 않는 상황입니다. 지금 지구촌 자본주의는 남반구에서 생산된 농산물을 가지고 북반구의 기업이 **부가 가치**˚를 올려 어마어마한 부를 축적하는 구조인 거죠.

2 이처럼 공정하지 못한 무역 **관행**˚을 개선하여 부의 편중, 환경 파괴, 노동력 착취, 인권 침해 등의 문제를 해결하고자 하는 노력에서 공정 무역이 생겨났습니다. 이에 대한 사람들의 관심과 참여를 촉구하기 위해, 2002년부터는 5월 둘째 주 토요일마다 '세계 공정 무역의 날'을 시행하고 있으며, 올 5월 11일에는 세계 공정 무역의 날을 맞아 △△시에서 '공정 무역 전문가 초청 강연'을 개최했습니다.

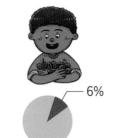

0.5% — 12배 상승 → — 6%

일반 커피　　　공정 무역 커피

공정 무역 전문가: **3** 세계 무역 시장은 소수 기업의 지배하에 움직이고 있어요. 그리고 일부 기업은 더 많은 이익을 얻기 위해 생산자들에게 생산 비용보다도 낮은 가격으로 물건을 공급하도록 강요하지요. 이로 인해 영세한 생산자는 낮은 임금과 노동 착취 등의 문제로 어려움을 겪게 됩니다. 이러한 문제는 대부분의 **개발 도상국**˚ 생산자가 겪고 있는데요. 대개 세계 무역 시장에서 영향력을 가진 기업은 **선진국**˚의 기업이기 때문에, 불공정한 무역 구조로 인해 나라 간 경제 격차는 더욱 심해집니다.

4 공정 무역을 통해 개발 도상국의 농부들과 노동자들에게 정당한 가격을 보장해 주고, 안전한 노동 환경을 제공할 수 있어서 생산자는 경제적 자립을 이룰 수 있습니다. ㉠더 나아가 이것은 생산자와 그 국가가 교육과 건강에 투

● **부가 가치**(附 붙을 부, 加 더할 가, 價 값 가, 値 값 치) 생산 과정에서 새로 덧붙인 가치.

● **관행**(慣 버릇 관, 行 다닐 행) 오래전부터 해 오는 대로 함.

● **개발 도상국**(開 열 개, 發 필 발, 途 길 도, 上 위 상, 國 나라 국) 산업의 근대화와 경제 개발이 선진국에 비하여 뒤떨어진 나라.

● **선진국**(先 먼저 선, 進 나아갈 진, 國 나라 국) 다른 나라보다 정치·경제·문화 등의 발달이 앞선 나라.

자할 수 있는 기반이 되고요. 공정 무역은 이런 이점이 있습니다. 추가로 공정 무역은 지속 가능한 농업과 친환경적인 생산 방식을 **장려합니다** [•] . 따라서 ⓒ공정 무역을 통해 토양과 생태계를 보호하고, 이는 장기적으로 생산자와 소비자 모두에게 이익이 되는 것이지요.

5 물론, 공정 무역을 활성화시키는 과정에서 [　　ⓒ　　]는 것과 같은 문제가 생기기도 합니다. 하지만 오히려 이러한 문제점을 공정 무역 시스템을 개선하는 동기로 삼아 더 나은 방향으로 나아갈 수 있습니다.

6 아울러 가치 있는 소비를 지향하는 소비자가 늘어나면서 많은 사람이 공정 무역 제품을 찾고 있지요. 또한 기업들도 지속 가능성을 고려한 경영 전략을 채택함으로써, 공정 무역 제품의 시장 **점유율** [•] 이 확대될 것으로 예상합니다.

기자: **7** 공정 무역의 활성화를 위해서 소비자들이 참여할 수 있는 방법이 있습니다. 바로 공정 무역 라벨이 붙은 상품이나 공정 무역의 가치를 실천하고 있는 브랜드의 제품을 구입하는 것입니다. 그리고 소비자들이 공정 무역에 지속적으로 관심을 가지는 것이 가장 중요합니다. 행복한 지구를 만들기 위해 더 많은 사람들이 든든한 협력자가 되어 주시길 바라면서 이상, 김능률 기자였습니다.

- **장려**(獎 장려할 장, 勵 힘쓸 려)**하다** 좋은 일에 힘쓰도록 북돋아 주다.
- **점유율**(占 차지할 점, 有 있을 유, 率 비율 율) 물건이나 영역, 지위 등을 차지하고 있는 비율.

 **구조 읽기** 빈칸에 알맞은 낱말을 써넣으며 내용을 정리해 보세요.

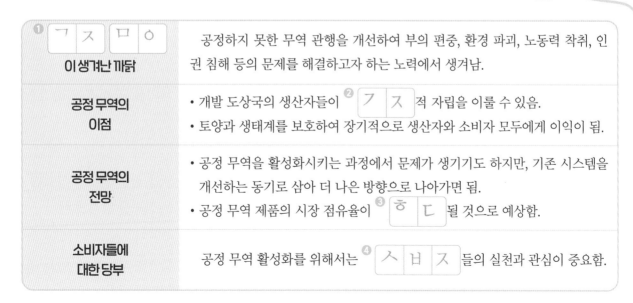

정답 및 해설 **26쪽**

①ㄱㅈㅁㅇ 이 생겨난 까닭	공정하지 못한 무역 관행을 개선하여 부의 편중, 환경 파괴, 노동력 착취, 인권 침해 등의 문제를 해결하고자 하는 노력에서 생겨남.
공정 무역의 이점	• 개발 도상국의 생산자들이 ②ㄱㅈ 적 자립을 이룰 수 있음. • 토양과 생태계를 보호하여 장기적으로 생산자와 소비자 모두에게 이익이 됨.
공정 무역의 전망	• 공정 무역을 활성화시키는 과정에서 문제가 생기기도 하지만, 기존 시스템을 개선하는 동기로 삼아 더 나은 방향으로 나아가면 됨. • 공정 무역 제품의 시장 점유율이 ③ㅎㄷ 될 것으로 예상함.
소비자들에 대한 당부	공정 무역 활성화를 위해서는 ④ㅅㅂㅈ 들의 실천과 관심이 중요함.

2 회독 빈칸을 채우지 못했다면 다시 **꼼꼼히** 읽어요!

1 이 뉴스에서 말하고자 하는 중심 내용으로 알맞은 것에 ○표 하세요.

(1) 공정 무역의 필요성과 관심 촉구   (   )

(2) 공정 무역에 대한 찬반 의견 비교   (   )

(3) 공정 무역의 실제 국내외 사례 분석   (   )

2 이 뉴스에서 알 수 있는 공정 무역에 대한 설명으로 알맞지 <u>않은</u> 것은 무엇인가요?   (   )

① 세계 공정 무역의 날은 매년 5월 둘째 주 토요일이다.

② 공정 무역 제품의 시장 점유율은 점차 확대될 것이다.

③ 가치 있는 소비를 지향하는 소비자가 이전보다 늘어났다.

④ 공정 무역은 개선을 통해 문제점이 없는 완벽한 무역 방식이 되었다.

⑤ 공정 무역을 통해 생산자인 농부와 노동자들은 정당한 가격을 받을 수 있다.

3 이 뉴스의 타당성을 알맞게 파악하여 말한 사람의 이름에 ○표 하세요.

커피의 매출에서 농민은 0.5퍼센트를 가져간다는 구체적인 숫자를 제시하여 뉴스의 관점을 알맞게 뒷받침하고 있어.

준우   지안

전 세계 절대 빈곤자가 12억 명이라는 내용과 같이 모든 사람이 다 알고 있는 사실의 경우에는 자료의 출처가 명확하지 않아도 괜찮아.

4 다음 각 뉴스의 내용이 뉴스를 보는 사람에게 미칠 수 있는 영향으로 알맞은 것을 찾아 연결하세요.

(1) **2** •

• ① 공정 무역을 긍정적인 시각으로 보게 한다.

(2) **4** •

• ② 공정 무역 전문가 초청 강연에 대한 새로운 정보를 알려 준다.

(3) **7** •

• ③ 공정 무역을 실천할 수 있는 방법을 알려 주며 여러 사람의 생각에 영향을 주어 여론을 형성한다.

5 ⊙, ⓒ에 담긴 뜻을 알맞게 해석하지 <u>못한</u> 것은 무엇인가요? (   )

① 생산자의 생활이 안정되면 건강 관리에도 신경 쓸 수 있다.

② 생산자가 노동에 걸맞은 대가를 받으면 안전한 노동 환경도 구축할 수 있다.

③ 지속 가능한 농업을 통해 환경을 보호하면 소비자에게도 그 혜택이 돌아온다.

④ 정당한 가격을 받으면 개발 도상국에서도 교육에 투자할 수 있는 여력이 생긴다.

⑤ 친환경적인 생산 방식을 장려하여 환경을 보호하면 생산자는 결국 일할 곳을 잃게 된다.

6 다음 자료를 참고하여 ⓒ에 들어가기 알맞은 내용에 ○표 하세요.

▲ 공정 무역 인증 마크

(1) 공정 무역 제품은 가격이 비싸다는 인식이 있기 때문에 매출이 점점 줄어든다 (   )

(2) 생산자의 수익을 보장하기 위해 선진국의 기업들이 얻는 수익이 줄어든다 (   )

(3) 공정 무역 인증 기관과 마크의 종류가 너무 다양하여 소비자들이 알기 어렵다 (   )

> 이 뉴스로 인해 공정 무역에 대한 내 인식이 어떻게 바뀌었는지 생각해 보고 바뀐 부분에 대해 구체적으로 쓰면 좋아요.

7 이 뉴스를 보고 새로 알게 된 정보를 중심으로 공정 무역에 대한 시각이 어떻게 바뀌었는지 써 보세요.

13 언어폭력과 언어문화

말의 힘은 강하다

개념 사전

욕설, 비속어, 비난, 조롱하는 말과 같은 부정적인 언어 표현은 언어폭력이 되어 상대방의 마음에 상처를 입힐 뿐만 아니라 인간관계를 해치고 개인의 삶을 파괴하기도 해요. 언어폭력은 심각한 사회 문제라는 인식을 가지고 바람직한 언어생활을 하려는 노력이 필요해요.

┿바람직한 언어생활 • 폭력적인 언어를 사용하지 않도록 노력하고, 상대를 배려하고 존중하는 말하기 태도를 길러야 함.

• 바람직한 언어 사용은 긍정적인 인간관계를 형성하는 데에 도움이 됨.

확인 문제를 풀어 보며 개념을 익혀요.

1~3 **다음 괄호 안에 들어갈 내용으로 알맞은 것에 ◯표 하세요.**

1 욕설이나 비속어를 사용하는 것은 (바람직한 언어생활 , 언어폭력)에 해당한다.

2 바람직한 언어생활을 위해서는 (폭력적인 , 배려하는) 언어를 사용해야 한다.

3 바람직한 언어생활을 위해서는 상대를 (존중하는 , 무시하는) 말하기 태도를 길러야 한다.

4~5 **다음 문장의 뒤에 이어질 내용으로 자연스러운 것을 각각 연결하세요.**

· ① 개인의 삶을 파괴한다.

4 긍정적인 언어 표현이나 바람직한 언어 사용은 ·

· ② 인간관계를 원활하게 한다.

· ③ 서로에게 좋은 영향을 끼친다.

· ④ 사회 전반에 갈등을 가져온다.

5 부정적인 언어 표현이나 폭력적인 언어 사용은 ·

· ⑤ 상대방의 마음에 상처를 입힌다.

서로가 즐거운 소통의 비결

1회독

○━ 부정적인 언어 표현에 ◯

○━ 중심 사건에 [ ]

○━ 글쓴이가 전하고자 하는 말에 〰

우리는 매일 많은 사람과 말을 주고받는다. 그리고 다양한 사람과의 소통은 우리의 삶을 더욱 풍요롭게 한다. 하지만 때론 말 한마디로 인해 종일 마음이 불편해질 때도 있다. 서로에게 즐거운 소통이 되기 위해서는 서로 존중하는 표현을 사용해야 한다는 것을 최근의 경험을 통해 절실히 깨닫게 되었다.

친구들과 함께 점심을 먹으러 가서 각자 메뉴를 고르고 있었는데, 예진이가 유난히 오랫동안 고민했다.

"아직도 결정 못 했어? 너 정말 **결정 장애**˙구나."

라며 도윤이가 웃었다. ㉠나도 다른 친구들을 따라 함께 웃었다. 그런데 밥을 먹는 내내 예진이는 어색하게 웃거나 어두운 표정을 지었다.

친구들과 헤어지고 집에 돌아와 오늘 있었던 일을 되짚어 보고 있는데 단체 대화방에 알림이 울렸다. 예진이었다.

"나는 결정을 내리는 게 어려울 때가 많아. 그런데 다른 사람이 기다리는 게 미안해서, 빨리 결정하고 싶은 마음에 더욱 마음이 급해지곤 해. 그런데 오늘 너희가 나를 답답해하고 놀린다는 기분이 들어서 서운했어. 물론 너희는 장난이었겠지만, 나에게는 조금 상처가 되었어."

예진이의 말을 들으니, 친구들과 함께 가볍게 웃어넘긴 것이 미안해졌다. 그래서

"아까 기분이 안 좋아 보였는데, 먼저 자세히 묻지 않아서 미안해."

라고 사과했다. 다른 친구들도 하나둘 답장하기 시작했다. 시우는,

"너희와 있을 때 즐겁게 장난을 치다 보니 가끔 선을 넘을 때가 있는 것 같아. 앞으로 좀 더 신중하게 생각하고 표현할게."

라고 이야기했다. 도윤이는,

"너도 빨리 결정하고 싶어서 마음이 급했을 텐데, 내가 너를 재촉하고 놀린다고 느껴져서 속상했을 것 같아. 웃기고 싶은 맘에 함부로 말해서 미안해."

라며 마음을 전했다.

● **결정 장애**(決 결정할 결, 定 정할 정, 障 가로막을 장, 礙 막을 애) 쉽게 결정을 내리지 못하는 성격을 이르는 신조어. 행동이나 태도를 정해야 할 때에 망설이기만 하고 결단을 내리지 못하는 일. 차별 언어에 해당하므로 사용해서는 안 되는 말임.

은빈이는 내가 미처 생각하지 못한 이야기를 했다.

"결정할 때까지 기다려 주지 못하고 부정적으로 표현하는 것에 **동조해서**˚ 미안해. 게다가 장애는 몸이나 마음이 아픈 것인데, '장애'라는 말을 붙이는 건 장애를 비하하는 말이기도 하다는 것을 얼마 전에 알게 되었거든. 그런데도 분위기에 휩쓸려서 함께 웃기만 해서 정말 미안해."

이 일을 통해 나는 ⓒ말이 단순히 의사소통의 수단이 아니라, 생각과 마음을 전달하고 관계를 형성하는 데에 매우 중요하다는 것을 다시 한번 느꼈다. ⓒ무심코 던진 말이 상대에게 큰 상처가 될 수 있음을 가끔 잊게 되는데, 특히 친구 사이에서는 농담이라는 이름으로 함부로 말하는 경우가 더 자주 있었다. 더 나아가 우리가 ⓔ**성찰**˚ 없이 내뱉는 말들이 사회 전반에 **차별적인 표현**˚이 함부로 사용되는 데에 **일조할**˚ 수도 있다는 생각도 들었다. 앞으로는 누구에게든 더 신중하고 배려심 있는 언어를 사용해서, 서로를 존중하고 이해하며 서로가 즐거울 수 있는 소통을 해야겠다고 다짐했다.

- **동조**(同 같을 동, 調 고를 조)**하다** 남의 주장에 자기의 의견을 일치시키거나 보조를 맞추다.
- **성찰**(省 살필 성, 察 살필 찰) 자기의 마음을 반성하고 살핌.
- **차별적**(差 어그러질 차, 別 다를 별, 的 과녁 적)**인 표현**(表 겉 표, 現 나타날 현) 특정 집단에 대한 부정적 인식, 차별, 편견과 같은 태도를 담고 있는 표현. 다른 말로 '혐오 표현'이라고 함.
- **일조**(一 하나 일, 助 도울 조)**하다** 얼마간의 도움이 되다.

 **구조읽기** 빈칸에 알맞은 낱말을 써넣으며 내용을 정리해 보세요.

정답 및 해설 28쪽

처음	'나'는 서로에게 즐거운 소통이 되기 위해서는 서로 ❶ ㅈㅈ 하는 표현을 사용해야 한다는 것을 최근의 경험을 통해 절실히 깨달음.

⬇

가운데	예진이가 점심 메뉴를 유난히 오랫동안 고민하고 고르지 못하는 모습을 본 도윤이가 예진이에게 '결정 장애'라고 말함.
	예진이는 단체 대화방에 아까의 일이 상처가 되었다는 마음을 표현함.
	친구들이 모두 미안한 마음을 담아 예진이에게 ❷ ㅅㄱ 함.

⬇

끝	누구에게든 더 신중하고 배려심 있는 언어를 사용해서, 서로를 존중하고 이해하며 서로가 즐거울 수 있는 ❸ ㅅㅌ 을 해야겠다고 다짐함.

2회독 빈칸을 채우지 못했다면 다시 **꼼꼼히** 읽어요!

1 예진이가 친구들과 헤어지고 단체 대화방에 글을 남긴 까닭은 무엇인가요?

(   )

① 함께 먹을 점심 메뉴를 고르기 위해서

② 친구들에게 서운한 마음을 표현하기 위해서

③ 차별적인 표현을 사용한 것을 사과하기 위해서

④ 웃기고 싶은 마음에 함부로 말한 것이 후회되어서

⑤ 장난을 치다가 선을 넘은 이유를 설명하기 위해서

2 글쓴이가 이 글을 쓴 목적으로 알맞은 것에 ○표 하세요.

(1) 말로 상처를 준 친구에게 사과하려고   (   )

(2) 배려하는 말을 사용하는 방법에 대해 설명하려고   (   )

(3) 서로 존중하는 표현을 사용해야 한다는 깨달음을 말하려고   (   )

3 글쓴이가 ㉠과 같은 반응 대신 할 수 있었던 행동으로 바람직하지 <u>않은</u> 것은 무엇인가요? (   )

① 가게에서 인기 있는 메뉴를 추천해 준다.

② 이러다가 밥 내일 먹겠다고 놀리듯 농담한다.

③ 도윤이에게 재촉하지 말고 기다리라고 말한다.

④ 예진이에게 기분이 상하지는 않았는지 물어본다.

⑤ 다 맛있어 보여서 고르기 어려운 것 같다고 공감해 준다.

4 글쓴이가 최근의 경험을 통해 말에 대해 깨달은 것을 두 가지 고르세요.

(   )

① 말은 단순히 의사소통의 수단이라는 것

② 말은 관계를 형성하는 데에 중요하다는 것

③ 말로 생각과 마음을 전달하기는 어렵다는 것

④ 무심코 던진 말이 상대에게 큰 상처가 될 수 있다는 것

⑤ 친구 사이에서는 농담이라는 이름으로 함부로 말을 해도 된다는 것

5 ㉠~㉣의 내용을 알맞게 이해하고 말한 친구의 이름에 ○표 하세요.

말은 내가 설명하려는 내용만 정확하게 전달할 수 있으면 돼. 좋은 관계에서는 굳이 말로 표현하지 않아도 잘 지낼 수 있어.

한들

무심코 하는 말로 상대에게 상처를 줄 수는 있지만, 친한 친구라면 서로 이해해 줘야 하는 거 아니겠어? 심한 농담이라도 재미있으면 괜찮아.

예슬

'잼민이' 같은 말을 깊이 생각하지 않고 너도 나도 사용하다 보면 혐오 표현인 줄도 모르고 함부로 사용하는 사람이 늘어날 수 있어.

승민

6 다음은 이 글을 읽고 궁금해진 표현에 대해 찾아본 것입니다. 괄호 안에 알맞은 말을 다음 글에서 찾아 쓰세요.

> '혐오'의 뜻은 '싫어하고 미워함.'이다. 그런데 오늘날 차별의 문제로 제기되는 혐오에는 소수자 또는 특정 집단에 대한 부정적 인식, 차별, 그리고 편견과 같은 태도가 담겨 있다. 국가 인권 위원회에서는 혐오 표현을 성별, 장애, 종교, 나이, 출신 지역, 인종 등을 이유로 어떤 개인이나 집단에게 모욕, 비하, 멸시, 위협 또는 차별과 폭력을 유도하여 차별을 정당화하고 조장 및 강화하는 효과를 갖는 표현이라고 규정하였다. 사회 구성원 모두 서로에 대해 이해하고 포용하려는 노력이 없다면 무심코 행해지는 (   ) 표현은 앞으로 우리 사회를 더욱 어둡게 할 것이다.

'가는 말이 고와야 오는 말이 곱다'라는 속담도 있지요. 나부터 바람직한 언어생활을 실천하기 위한 노력을 해 보아요.

7 평소 나의 언어생활은 바람직한지, 그렇지 않은지 떠올려 보고 바람직한 언어생활을 위해 다짐하는 글을 써 보세요.

14 이야기의 **구조**

　　이야기 속 사건의 흐름을 나타내는 이야기의 구조는 '발단 – 전개 – 위기 – 절정 – 결말'의 구성 단계가 있어요. 구조에 따라 펼쳐지는 이야기를 정리하며 읽으면 이야기의 흐름과 주제를 더 잘 파악할 수 있어요.

✦ **발단** 인물과 배경을 소개하고, 이야기의 사건이 시작됨.

✦ **전개** 사건이 본격적으로 발생하고 갈등이 나타나기 시작함.

✦ **위기** 갈등이 점차 깊어지면서 위기감과 긴장감이 조성됨.

✦ **절정** 갈등이 최고조에 이르면서 긴장감이 가장 높아지는 부분. 사건 해결의 실마리가 보임.

✦ **결말** 갈등이 해소되고 사건이 해결됨.

확인 문제를 풀어 보며 개념을 익혀요.

1~5 다음은 「심청전」의 줄거리를 요약한 것입니다. 각 부분에 해당하는 구성 단계를 알맞게 연결하세요.

사건의 발생

1 심 봉사는 물에 빠진 자신을 구해 준 스님으로부터 부처님께 공양하면 눈을 뜰 수 있다는 말을 듣고 공양미 300석을 바치기로 한다.

• ① 발단

이야기의 시작

2 황해도의 한 마을에서 태어난 심청은 태어나자마자 어머니를 여의고 앞이 보이지 않는 아버지 심학규를 모시고 가난하게 살았다.

• ② 전개

갈등 최고조 및 이야기 전환

3 심청은 아버지가 눈을 뜨기만 기도하며 인당수에 몸을 던졌고, 심청의 효심에 감동한 옥황상제의 명으로 환생하여 황후가 된다.

• ③ 위기

위기감과 긴장감 조성

4 심청은 아버지 눈을 뜨게 하려고 뱃사람들에게 공양미 300석을 받고 제물이 되기로 한다.

• ④ 절정

사건 해결

5 심청은 아버지를 찾고자 전국의 눈먼 사람들을 불러 모으는 잔치를 벌이고 심 봉사도 잔치에 참석해 딸을 만나고 눈을 뜨게 된다.

• ⑤ 결말

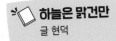

하늘은 맑건만

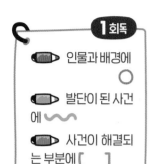

1회독

- 인물과 배경에 ◯
- 발단이 된 사건에 〰️
- 사건이 해결되는 부분에 [   ]

1 골목 모퉁이를 꺾어 돌아섰다. 서너 **간˙** 앞을 서서 동무 수만이가 간다. 문기는 쫓아가 그와 나란히 서며

"너 집에 인제 가니?" / 하고 어깨에 손을 걸고

"이거 이상한 일 아냐?"

"뭐가 말야?"

"고길 사러 갔는데 말야. 난 일 원짜리로 알구 냈는데 십 원으로 거슬러 주니 말야."

"정말야? 어디 봐."

문기는 손바닥을 펴 돈과 또 고기를 보였다. 수만이는 잠시 눈을 끔벅끔벅 무슨 궁리를 하는 듯 문기 얼굴을 보고 섰더니

"너 이렇게 해 봐라." / "어떻게 말야?"

"먼저 잔돈만 너이 작은어머니에게 주거든."

"그리고 어떡해."

"그리고 아무 말 없거든 내게로 나와. 헐 일이 있으니."

2 문기는 삼거리 고깃간을 향해 갔다. 그리고 골목으로 돌아가 ㉠**남저지˙** 돈을 종이에 싸서 담 너머로 그 집 안마당을 향해 던졌다. 그제야 문기는 무거운 짐을 풀어놓은 듯 어깨가 거뜬했다. 아까 물 위로 둥실둥실 떠가던 그 공, 지금은 벌써 십 리고 이십 리고 멀리 떠갔을 듯싶은 그 공과 함께 문기는 자기의 **허물˙** 도 멀리 사라져 깨끗이 벗어난 듯 속이 후련했다. 그리고

'다시는 다시는.'

하고 문기는 두 번 다시 그런 허물을 범하지 않겠다고 백번 다지며 집을 향해 돌아간다.

3 문기 집 가까이 이르렀다. ㉡수만이는 문기 앞으로 다가서며 작은 음성으로 **조졌다˙.**

"너, 지금으로 가지고 나오지 않으면 낼은 가만 안 둔다. 도적질했다 하구 똑 바루 써 놓을 테야."

문기는 여전히 못 들은 척 걸음만 옮긴다. 자기 집 마당엘 들어섰다. 숙모는 뒤꼍에서 화초 모종을 하는지 여기 심어라 저기 심어라 하고 아랫집 심부름하는 아이와 이야기하는 소리가 날 뿐 집 안엔 아무도 없다.

- **간**(間 사이 간) 길이의 단위. 한 간은 약 1.8미터이다.
- **남저지** '나머지'의 방언.
- **허물** 잘못 저지른 실수.
- **조지다** 일이나 말이 허술하게 되지 않도록 단단히 단속하다.

그리고 눈앞에 보이는 **붙장**⁎ 안 앞턱에 잔돈 얼마와 지전 몇 장이 놓여 있다. 그리고 문밖엔 지금 수만이가 돈을 가지고 나오기를 기다리고 섰다. 여기서 ㉢문기는 두 번째 허물을 범하고 말았다.

4 걸음은 집을 향해 가는 것이지만 반대로 마음은 멀어진다. 장차 집엘 가서 대할 숙모가 두려웠고 삼촌이 두려웠고 더욱이 점순이가 두려웠다.

어느덧 걸음은 삼거리를 건너고 있었다. 문기 등 뒤에서 아주 멀리 뻥뻥하고 자동차 소리와 비켜라 하는 사람의 소리가 나는 듯하더니 갑자기 귀밑에서 크게 울린다. ㉣언뜻 돌아다보니 바로 눈앞에 자동차 머리가 달려든다. 그리고 문기는 으쓱하고 높은 데서 아래로 떨어져 가는 듯싶은 감과 함께 정신을 잃고 말았다.

5 "작은아버지." / 하고 문기는 입을 열었다. 그리고

"저는 마땅히 받아야 할 벌을 받은 거예요."

하고 문기는 눈을 감으며 한마디 한마디 그러나 똑똑하게 처음서부터 끝까지 먼저 ㉤고깃간 주인이 일 원을 십 원으로 알고 거슬러 준 것, 그 돈을 써 버린 것, 그리고 또 붙장 안의 돈을 자기가 훔쳐 낸 것, 이렇게 하나하나 숨김없이 **자백**⁎을 하자 이때까지 겹겹으로 몸을 싸고 있던 허물이 한 꺼풀 한 꺼풀 벗어지면서 따라 마음속의 어둠도 차차 사라지며 맑아지는 것을 문기는 확실히 깨달을 수 있었다. 마음이 맑아지며 따라 몸도 **가뜬해진다**⁎. 내일도 해는 뜨고 하늘은 맑아지리라. 그리고 문기는 그 하늘을 떳떳이 마음껏 쳐다볼 수 있을 것이다.

- **붙장**(붙, 欌 장농 장) 부엌 벽에 붙여 만든 장.
- **자백**(自 스스로 자, 白 흰 백) 자기가 저지른 죄나 자기의 허물을 남들 앞에서 스스로 고백함.
- **가뜬하다** 몸이나 마음이 가볍고 상쾌하다.

구조 읽기 빈칸에 알맞은 낱말을 써넣으며 내용을 정리해 보세요.

정답 및 해설 30쪽

1 ① ㅂ ㄷ	2 전개	3 위기	4 절정 ③ ㄷ ㄹ ㅇ	5 결말
문기는 작은어머니 심부름을 갔다가 거스름돈을 더 받은 사실을 수만이에게 말함.	문기는 나머지 돈을 고깃간에 던지며 다시는 ② ㅎ ㅁ 을 범하지 않겠다고 다짐함.	수만이가 돈을 가져오라고 문기를 협박하자 문기는 숙모의 돈을 훔치는 두 번째 허물을 범함.	미음으로 집에 가던 문기는 삼거리를 건너다 자동차에 치여 정신을 잃음.	문기는 작은아버지에게 모든 허물을 자백하고 마음이 맑아짐.

2회독 빈칸을 채우지 못했다면 다시 꼼꼼히 읽어요!

1 이 이야기의 제목에 담긴 뜻으로 알맞은 것은 무엇인가요? (   )

① 돌아가신 부모님이 너무 그립다.

② 친구에게 돈을 빼앗겨 화가 나고 속상하다.

③ 조만간 비가 많이 내릴 것 같아 걱정스럽다.

④ 하늘은 맑지만 부끄러워 하늘을 떳떳이 쳐다볼 수 없다.

⑤ 외출이 힘들어 맑은 하늘을 마음껏 볼 수 없는 것이 아쉽다.

2 다음 내용을 일이 일어난 차례에 맞게 번호를 쓰세요.

> ① 문기는 거스름돈 남은 것을 고깃간 안마당에 던졌다.
> ② 두려운 마음으로 집에 가던 문기는 교통사고를 당했다.
> ③ 고기를 사러 갔던 문기는 고깃간에서 거스름돈을 더 받았다.
> ④ 문기는 작은아버지에게 모든 것을 자백하고 마음이 맑아졌다.
> ⑤ 수만이가 돈을 가지고 나오라고 협박하자 문기는 숙모 돈을 훔쳤다.

(   ) ➡ (   ) ➡ (   ) ➡ (   ) ➡ (   )

3 ㉠ ~ ㉤ 중 이 모든 일의 발단이 된 사건의 기호를 쓰세요.

(   )

4 다음은 「토끼와 거북」 이야기를 간추린 것입니다. 다음 중 이 이야기의 **5** 문단과 같은 구성 단계인 부분은 어디인가요? (   )

① 화가 난 거북이 토끼에게 달리기 시합을 제안했다.

② 거북이 한참 뒤처진 것을 본 토끼는 여유를 부리며 중간에 낮잠을 잤다.

③ 코가 납작해진 토끼는 거북에게 사과하고 다시는 거북을 놀리지 않았다.

④ 옛날 깊은 산속에 토끼와 거북이 살았다. 토끼는 거북을 느림보라고 놀렸다.

⑤ 뒤늦게 잠에서 깬 토끼는 빨리 뛰어가 보았지만 거북이 먼저 결승선에 도착했다.

5 1, 2문단 사이에 들어갈 내용을 알맞게 추론하여 말한 친구의 이름에 ○표 하세요.

 1문단에서 수만이가 말한 '헐 일'은 문기가 이웃을 도와주는 일이었다는 내용이 들어가야 해.

지안

 2문단에서 문기가 고깃간으로 다시 간 것으로 보아 거스름돈을 더 받은 사실을 고깃간 주인에게 들켜 꾸중을 듣는 사건이 들어가야 해.

준우

 2문단에서 물 위로 떠가던 공과 함께 자기의 허물도 사라진 것 같았다고 한 것으로 보아 잘못 받은 거스름돈으로 공을 산 일이 들어가야 해.

서연

6 다음 시를 쓴 글쓴이가 문기에게 해 줄 수 있는 충고하는 말로 알맞은 것은 무엇인가요? (   )

마음에 거짓이나 꾸밈없이
바르고 곧은 나

마음이 맑고 깨끗하며
욕심이 없는 나

그런 내가 되고자
노력하는 나

① 주눅 들지 말고 자신감을 가지렴.
② 예의 바르게 행동하는 사람이 되렴.
③ 앞으로는 좋은 친구와 어울려 지내렴.
④ 아무 거리낌 없는 떳떳한 삶을 살아가렴.
⑤ 괴로우면 괴롭다고 말할 수 있는 용기를 가지렴.

거스름돈을 더 받았을 때, 돈을 주웠을 때 등 내 것이 아닌데 가졌던 경험은 없는지 떠올려 보고, 어떻게 행동하는 것이 좋을지 생각해 보아요.

7 나라면 거스름돈을 더 받았을 때 어떻게 행동할지, 그렇게 생각한 까닭과 함께 써 보세요.

15 과학·기술 분야의 글

과학은 우리 주변의 모든 현상의 원리를 객관적이고 논리적으로 탐구하는 분야이고, 기술은 과학의 연구 성과를 실생활에 응용하여 인간에게 유용한 삶의 수단을 제공해 주는 분야예요. 과학·기술 분야의 글을 읽으면 과학·기술을 대상으로 한 여러 가지 정보나 지식을 얻을 수 있어요.

✦ 과학·기술 분야의 글 읽는 방법
- 과학·기술 분야에서 사용되는 용어나 개념을 정확하게 이해하는 것이 중요함.
- 기존에 알고 있던 정보나 지식을 바탕으로 필요한 정보를 효율적으로 찾으며 새로 알게 된 정보가 정확한지 평가하며 읽어야 함.
- 객관적인 정보라도 수동적으로 받아들이기보다 능동적이고 비판적인 태도로 읽는 것이 좋음.

확인 문제를 풀어 보며 개념을 익혀요.

1~4 다음 중 과학·기술 분야의 글을 읽는 방법으로 알맞으면 ○표, 알맞지 않으면 ×표 하세요.

1 기존에 알고 있던 내용과 다른 사실이 나오면 그 정보가 정확한지 확인하며 능동적으로 읽어야 한다. (   )

2 내게 필요한 정보를 생각하며 글을 읽으면 더 효율적으로 정보를 얻을 수 있다.
(   )

3 과학·기술 분야에 대한 글은 객관적인 사실을 다루고 있으므로 내용을 있는 그대로 받아들인다. (   )

4 과학·기술은 빠르게 변화하므로 글의 내용도 최신 과학·기술이 반영되었는지 살펴보며 읽어야 한다. (   )

5 다음 글을 알맞은 태도로 읽은 것에 ○표 하세요.

> 스마트 화분은 식물의 건강을 유지하고 성장 환경을 최적화하기 위해 다양한 센서와 사물 인터넷 기술을 결합한 제품이다. 이 화분의 중요한 기능은 토양의 수분 상태를 감지하여 필요한 양의 물을 자동으로 주는 것이다. 그와 더불어 온도와 빛의 양 등 다양한 환경 요소를 실시간으로 체크하여 사용자가 언제 어디서나 식물의 상태를 확인할 수 있도록 도와준다.

(1) 글을 여러 번 읽어도 사물 인터넷 기술이라는 말의 뜻을 모르겠어서 그냥 넘어갔어. (   )

(2) 내가 아는 사물 인터넷 기술이 스마트 화분에는 어떻게 적용되었는지 찾아봐야겠어. (   )

파동 이야기

1회독

설명하고 있는
과학 개념에 ◯

소리가 들리는
원리에 〜

새로 알게 된
내용에 [　]

🐾 연못에 돌을 던져 보면

잔잔한 연못에 돌이 풍덩 떨어지면 물결이 규칙적인 무늬를 만들면서 사방으로 퍼져 나가는 것을 볼 수 있을 것이다. 그런데 이때 정말 물결이 움직여서 밀려가는 걸까? 사실은 그렇지 않다. 물은 제자리에서 위아래로 출렁거릴 뿐 움직여서 밀려가지는 않는다. 믿어지지 않는다면 출렁거리는 물 위에 나뭇잎을 띄워 보라. 나뭇잎은 물이 출렁거릴 때마다 물결을 따라 그 자리에서 아래위로 왔다 갔다 할 뿐 이동하지는 않는다.

▲ 파동

그렇다면 정말 아무것도 움직이지 않는 것일까? 분명히 사방으로 퍼지는 것이 있었는데……. 그것은 물이 아니라 어떤 움직임이다. 이 움직임을 '**파동**˚'이라고 한다. 파동이 일어날 때는 물질이 직접 움직이지 않고 에너지만 이동한다.

파동은 물체의 **진동**˚이 점점 옆으로 퍼지는 것이다.

그럼 진동은 뭘까? 제자리에서 무언가가 떨리거나 일정하게 왔다 갔다 하는 게 바로 진동이다. 즉, 같은 운동이 반복되는 현상을 말한다. 나뭇잎이 제자리에서 움직이는 것도, 시계추가 왔다 갔다 하는 것도 다 진동이다. 용수철에 추를 매달고 잡아당겼다가 놓으면 추가 왕복 운동을 하는데, 이것도 진동 운동이다. 이러한 진동이 한 곳에서만 일어나지 않고 옆으로 자꾸 퍼져 가면 파동이 되는 것이다. 파동은 물질을 통해 전달되는데, 파동을 전달하는 물질을 매질이라고 한다.

아마 관중들의 파도타기 응원을 본 적이 있을 것이다. 처음 사람이 일어섰다 앉으면 옆의 사람이 차례로 일어섰다 앉는다. 그러면 저절로 파도치는 것 같은 움직임이 생긴다. 이때 각각의 사람들은 진동을 했을 뿐이다. 제자리에서 일어났다 앉는 운동을 했으니까. 실제로 옆으로 움직인 사람은 없었는데 물결치는 듯한 파도가 생긴 것이다. 이것이 바로 파동이다.

● **파동**(波 물결 파, 動 움직일 동)
공간의 한 점에 생긴 물리적인 상태의 변화가 차츰 둘레에 퍼져 가는 현상.

● **진동**(振 떨칠 진, 動 움직일 동)
흔들려 움직임.

🐾 소리는 어떻게 들릴까

소리는 물체가 진동하여 생기는 것으로 물체의 진동이 주변의 ⊙공기를 차례로 진동시켜 우리 귀에 **도달하는°** 것이다.

우리가 말을 할 때 손으로 목을 만져 보면 말할 때마다 목의 ⊙**성대°**가 떨리는 것을 느낄 수 있다. 성대가 떨리면 바로 옆에 있던 공기가 흔들린다. 그 다음에는 그 옆에 있던 공기가 떨리고, 또 그 옆에 있던 공기가 떨리고, 이런 식으로 ⊙공기의 진동이 옆으로 전달되어 귀의 고막에 닿으면 고막을 진동시켜 우리가 소리를 듣게 되는 것이다.

귀 안에서 고막이 크게 흔들리면 소리가 크게 느껴지는 것이고, 고막이 작게 흔들리면 소리가 작다고 느낀다.

이처럼 ㉑소리는 공기를 진동시켜 이동하므로 빛처럼 아주 **빠르게** 전달될 수는 없다. 빛은 1초에 지구 일곱 바퀴 반을 돌지만, 소리는 공기 중에서 1초에 약 340m 정도 이동할 수 있다. 소리는 진동하는 물체에 의해 생긴 공기의 진동이 퍼지는 파동의 일종이므로 음파라고 한다.

- **도달**(到 이를 도, 達 통할 달)하다 목적한 곳이나 수준에 다다르다.
- **성대**(聲 소리 성, 帶 띠 대) 사람과 짐승의 목구멍에 있는, 내쉬는 숨의 힘으로 울려 소리를 내는 기관.

 구조 읽기 빈칸에 알맞은 낱말을 써넣으며 내용을 정리해 보세요.

정답 및 해설 32쪽

연못에 돌을 던져 보면	소리는 어떻게 들릴까
• 물결은 물이 이동하는 것이 아니라 제자리에서 위아래로 출렁거리는 것임. • 이 움직임을 ❶ ㅍ ㄷ 이라고 하고, 파동은 물체의 진동이 점점 옆으로 퍼지는 것임. • ❷ ㅈ ㄷ 은 제자리에서 무언가가 떨리거나 일정하게 왔다 갔다 하는 것임. • 파도타기 응원은 각각의 사람들이 제자리에서 일어났다 앉는 진동을 했으나 물결치는 듯한 파동이 생긴 것임.	• 물체의 진동이 주변의 공기를 진동시키고 이 진동이 옆으로 전달되어 귀의 고막에 닿으면 고막을 진동시켜 ❸ ㅅ ㄹ 를 듣게 됨. • 고막 흔들림의 정도로 소리의 크기가 결정됨. • 소리는 진동하는 물체에 의해 생긴 공기의 진동이 퍼지는 파동의 일종이므로 ❹ ㅇ ㅍ 라고 함.

2 회독 빈칸을 채우지 못했다면 다시 꼼꼼히 읽어요!

1 이 글에서 설명하고 있는 과학 개념 네 가지를 찾아 ○표 하세요.

> 고막   나뭇잎   매질   소리   지구   진동   파동

2 이 글의 내용과 일치하지 <u>않는</u> 것은 무엇인가요? (   )

① 말을 할 때 성대가 떨리면 바로 옆에 있던 공기가 흔들린다.
② 파동은 물질이 직접 움직이지 않고 에너지만 이동하는 것이다.
③ 공기의 진동이 고막에 닿아 고막을 진동시키면 소리를 듣게 된다.
④ 파도타기 응원에서 각 사람들의 움직임은 파동의 모습을 보여 준다.
⑤ 제자리에서 무언가가 떨리거나 일정하게 왔다 갔다 하는 것은 진동이다.

3 소리가 들리는 원리에서 ㉠ ~ ㉢을 나타내는 과학 개념을 알맞게 연결하세요.

(1) ㉠'공기'   ·   · ① 매질

(2) ㉡'성대가 떨리는 것'   ·   · ② 진동

(3) ㉢'공기의 진동이 옆으로 전달'   ·   · ③ 파동

4 다음은 이 글을 보고 나눈 대화입니다. 정보를 알맞게 이해하고 말한 친구의 이름에 ○표 하세요.

북을 치면 소리가 나는데,
북을 세게 칠수록 북의 가죽이 크게 진동하고
바로 옆에 있던 공기의 진동도 커지면서
소리가 크게 들리는 것이구나.

승민

목의 성대에서 소리가 나는 것이기
때문에 공기가 없어도 소리를 들을 수 있어.
공기가 없는 우주에서도 대화를 나눌 수
있다는 것이지.

예슬

5 ㉠를 통해 추론할 수 있는 사실로 알맞은 것에 ○표 하세요.

(1) 빛은 소리보다 공기를 많이 진동시켜야 하기 때문에 빠른 것이다.

(   )

(2) 천둥번개가 칠 때 빛이 먼저 번쩍한 뒤에 우르르 쾅쾅 소리가 나는 까닭이다.

(   )

6 이 글의 내용을 참고하여, 다음 빈칸에 알맞은 말을 **보기**에서 찾아 쓰세요.

┤ **보기** ├

| 파동 | 소리 | 진동 | 빛 |

지진은 지구 내부의 커다란 힘으로 지층이 끊어지면서 흔들리는 것을 말한다. 처음 큰 힘이 나오는 곳을 진원이라고 하는데, 지진이 발생하면 (1)(   )이/가 진원에서부터 지구 내부나 표면을 따라 사방으로 전달된다. 땅속에서 사방으로 퍼져 나가는 이 (2)(   )을/를 지진파라고 한다.

물결, 소리, 지진파 등이 모두 파동으로 생기는 현상이에요. 파동과 진동의 개념을 이해하고 일상생활에서도 찾아보세요.

7 이 글에서 이미 알고 있던 내용과 새로 알게 된 내용을 써 보세요.

(1) 이미 알고 있던 내용:

(2) 새로 알게 된 내용:

4주차에서 우리는

16 시조의 특징

십 년을 경영하여 초가삼간 지어 내니
나 한 칸 달 한 칸에 청풍 한 칸 맡겨 두고
강산은 들일 데 없으니 둘러 두고 보리라

내가 송순

시조는 고려 시대 말부터 발달해 온 우리 고유의 시로, 정해진 형식에 맞추어 지은 정형시예요. 초장, 중장, 종장의 형태를 가지고 있으며 글자 수에도 규칙이 있어요. 시조의 특징을 이해하고 시조를 감상해 보아요.

✦ **시조** • 첫 장은 초장, 가운데 장은 중장, 마지막 장은 종장이라고 하는데, 종장의 첫 세 글자는 반드시 지켜야 함. 이처럼 시조에는 일정한 형식과 규칙이 있음.

• 임금에 대한 충성, 자연을 벗 삼아 사는 삶, 자연과 인간의 조화, 개인 정서를 노래한 시조 등 그 내용이 다양함.

확인 문제를 풀어 보며 개념을 익혀요.

1~2 **다음 빈칸에 알맞은 낱말을 쓰세요.**

1 고려 시대 말부터 발달해 온, 초장, 중장, 종장의 형태를 가진 우리 고유의 시를 (   )라고 한다.

2 첫 장은 초장, 가운데 장은 중장, 마지막 장은 종장이라고 하는데, (   )의 첫 세 글자는 반드시 지켜야 한다.

3 다음 시조를 읽고 초장에는 '초', 중장에는 '중', 종장에는 '종'이라고 쓰세요. 그리고 종장의 첫 세 글자에는 ○표 하세요.

> 태산이 높다 하되 하늘 아래 뫼이로다   (   )
> 오르고 또 오르면 못 오를 리 없건마는   (   )
> 사람이 제 아니 오르고 뫼만 높다 하더라   (   )
>
> – 양사언 –

4 다음 시조의 주제로 알맞은 내용에 ○표 하세요.

> 십 년을 경영하여 초가삼간 지어 내니
> 나 한 칸 달 한 칸에 청풍 한 칸 맡겨 두고
> 강산은 들일 데 없으니 둘러 두고 보리라
>
> – 송순 –

• 이 시조는 (임금에 대한 충성 , 자연을 벗 삼아 사는 삶)에 대해 노래하고 있다.

정답 1 시조 2 종장 3 초, 중, 종, 사람이 4 자연을 벗 삼아 사는 삶

오우가
글 윤선도

오우가*

1회독

👄 시조에 등장하는 자연물에 ○

👄 글쓴이가 '벗'이라 한 것에 〰️

👄 종장의 첫 세 글자에 [　]

제1수

내 벗이 몇인가 하니 수석과 송죽이라.

동산에 달 오르니 그 더욱 반갑고야.

두어라 이 다섯밖에 또 더하여 무엇하리.

제2수

구름 빛이 좋다 하나 검기를 자주 한다.

바람 소리 맑다 하나 그칠 적이 **하노매라**.*

좋고도 그칠 **뉘*** 없기는 물뿐인가 하노라.

제3수

꽃은 무슨 일로 피면서 쉬이 지고

풀은 어이하여 푸르는 듯 누르나니

아마도 변치 않는 건 바위뿐인가 하노라.

• **오우가**(五 다섯 오, 友 벗 우, 歌 노래 가) 물, 바위, 소나무, 대나무, 달을 벗에 비유하여 노래한 시조.

• **하노매라** 많더라.

• **뉘** 때.

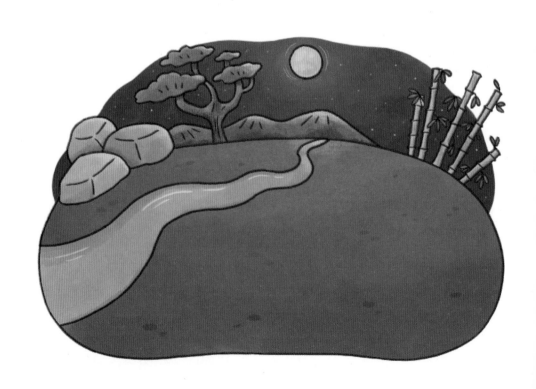

제4수

더우면 꽃 피고 추우면 잎 지거늘

솔아 너는 어찌 **눈서리**를 모르느냐.

구천에 뿌리 곧은 줄을 그로 하여 아노라.

제5수

나무도 아닌 것이 풀도 아닌 것이

곧기는 뉘 시켰으며 속은 어이 비었는가.

저러고 사계절 푸르니 그를 좋아하노라.

제6수

작은 것이 높이 떠서 만물을 다 비치니

밤중의 **광명**이 너만 한 이 또 있느냐.

보고도 말 아니하니 내 벗인가 하노라.

- **눈서리** 눈과 서리를 아울러 이르는 말.
- **구천**(九 아홉 구, 泉 샘 천) 땅속 깊은 밑바닥.
- **광명**(光 빛 광, 明 밝을 명) 밝고 환함.

 **구조 읽기** 빈칸에 알맞은 낱말을 써넣으며 내용을 정리해 보세요.

정답 및 해설 **34쪽**

	벗	특징
제1수	다섯 벗 소개	물, 돌, 소나무, 대나무, 달이 '내' 벗임.
제2수	물	깨끗하고 그치지 않음.
제3수	❶ ㅂ ㅇ	변하지 않음.
제4수	소나무	꿋꿋하고 ❷ ㅃ ㄹ 가 곧음.
제5수	대나무	곧고 사계절 푸름.
제6수	❸ ㄷ	밝고 환하며 과묵함.

2회독 빈칸을 채우지 못했다면 다시 꼼꼼히 읽어요!

1 이 시조의 특징으로 알맞지 <u>않은</u> 것을 찾아 ×표 하세요.

(1) 자연물을 벗이라 부르며 사람처럼 표현하였다. (   )

(2) 자연물이 가진 특성에서 좋은 점을 찾아 예찬하였다. (   )

(3) 계절에 따라 변화하는 자연의 아름다움을 노래하였다. (   )

2 이 시조에서 다음과 같이 서로 대조하여 나타낸 대상을 **보기**에서 찾아 쓰세요.

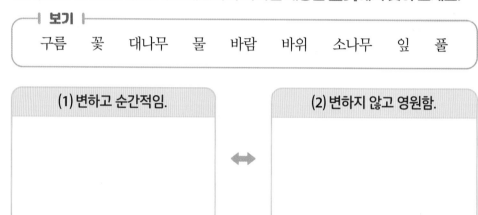

보기
구름 꽃 대나무 물 바람 바위 소나무 잎 풀

(1) 변하고 순간적임.		(2) 변하지 않고 영원함.
	↔	

3 제2, 3수는 비슷한 짜임으로 이루어져 있습니다. 다음 설명은 각 수의 어느 부분에 해당하는지 알맞은 것을 모두 연결하세요.

(1) 자신이 좋아하는 특성을 가진 벗을 예찬하는 부분 · · ① 초장

· ② 중장

(2) 벗과는 대조적으로 변하는 특성을 가진 자연물을 이야기하는 부분 · · ③ 종장

4 시조에서 꼭 지켜야 하는 형식인 종장의 첫 세 글자를 이 시조의 각 수에서 찾아 쓰세요.

(1) 제1수		(2) 제2수		(3) 제3수	
(4) 제4수		(5) 제5수		(6) 제6수	

5 다음 윤선도에 대한 설명을 바탕으로 이 시조에 담긴 마음을 알맞게 짐작한 것은 무엇인가요? (   )

> 병자호란이 발발하자 의병을 이끌고 강화도까지 갔던 윤선도는 인조가 삼전도에서 항복했다는 소식을 듣고 탄식하며 세상을 등지고 숨어 살았다. 그러다 임금이 다시 돌아왔는데도 바로 문안하지 않은 불충을 저질렀다는 이유로 경상도 영덕에 유배되었다. 이 시조는 윤선도가 영덕 유배지에서 고향으로 돌아와 그동안의 생활에서 얻은 깨달음을 쓴 것이다.

① 나를 모함한 사람들이 원망스럽다.
② 억울한 내 마음을 알아주었으면 한다.
③ 내 이익을 위해 임금에게 충성하겠다.
④ 조정에 나가 일하고 싶으니 불러 주었으면 한다.
⑤ 이제는 조정을 떠나 자연을 벗 삼아 살아가려 한다.

6 이 시조에 나타난 자연물의 특성을 조선 시대의 유교적 덕목과 잘못 짝 지은 것은 무엇인가요? (   )

	특성	유교적 덕목
①	깨끗하고 그치지 않는 물	순간순간 바뀌는 선비의 모습
②	변하지 않는 바위	쉽게 변하지 않는 선비의 모습
③	꿋꿋하고 뿌리가 곧은 소나무	지조 있는 선비의 모습
④	곧고 사계절 푸른 대나무	절개를 지키는 선비의 모습
⑤	밝고 환하며 과묵한 달	침묵을 지킬 줄 아는 선비의 모습

> 시조는 보통 초장 3-4-3-4 글자 / 중장 3-4-3-4 글자
> / 종장 3-5-3-4 글자로 되어 있는데
> 이 글자 수에 맞춰 쓸 수 있도록 노력해 보세요.

7 이 시조와 같이 닮고 싶은 모습을 지닌 자연물을 글감으로 하여 시조를 써 보세요.

17 인문·예술 분야의 글

인문·예술 분야의 글에는 인간과 예술에 대해 탐구한 내용이 담겨 있어요. 인간과 세계에 대한 글쓴이의 개성적인 관점과 시각이 드러나 있어서 글의 의미를 다양하고 풍부하게 해석하며 읽을 수 있어요.

✦인문·예술 분야의 글 읽는 방법
- 글에 담긴 인간과 세계에 대한 관점을 정확하게 파악해야 함.
- 자기가 갖고 있는 배경지식과 경험을 적극적으로 활용하여 자신의 상황에 적용하거나 평가해 보면서 읽어야 함.
- 고정된 시각보다는 다양한 관점에서 글의 내용을 이해하려는 노력이 중요함.

개념 확인

확인 문제를 풀어 보며 개념을 익혀요.

1~4 **다음 괄호 안에 들어갈 알맞은 내용에 ○표 하세요.**

1 인문·예술 분야의 글에는 (과학과 기술 , 인간과 예술)에 대해 탐구한 내용이 담겨 있다.

2 인문·예술 분야의 글은 (문학·미술·음악 , 화학·물리·컴퓨터) 등을 주제로 한다.

3 인문·예술 분야의 글에는 글쓴이의 (개성적인 , 한쪽으로 치우친) 관점과 시각이 드러나 있다.

4 인문·예술 분야의 글을 읽으면 생각의 폭이 (넓어 , 좁아)진다.

5 **인문·예술 분야의 글을 읽는 방법으로 알맞은 것에 ○표 하세요.**

(1) 글에 담긴 인간과 세계에 대한 관점을 정확하게 파악하며 읽는다.

(   )

(2) 다른 관점의 글이나 자신의 경험과 비교할 필요 없이 고정된 시각으로 읽는다.

(   )

6 **다음 중 인문·예술 분야의 글에 해당하는 문장에 ○표 하세요.**

(1) 멈춰 있는 물체를 움직이려면 마찰력을 뛰어넘는 힘이 필요하다.　(   )

(2) 김홍도의 풍속화는 조선 시대 서민들의 몸짓과 표정 등을 생생하게 표현하였다.

(   )

(3) 적금은 일정 기간 동안 일정 금액을 저축하는 금융 상품의 하나로, 계약 기간이 만료되면 원금을 이자와 함께 돌려받는다.　(   )

동서 교역로

1회독

○○ 글쓴이가 알려
주고자 하는 대상에 ○

○○ 각 교역로의
특징에 〰〰

○○ 새로 알게 된
내용에 [ ]

지금은 클릭 몇 번으로 다른 나라의 물건을 쉽게 구매할 수 있다. 심지어 외국 영화 등의 콘텐츠나 외국 가수의 음악도 언제든 보고 들을 수 있다. 하지만 과거에는 지금처럼 운송 수단이 발달하지 않았고, 인터넷도 없었기 때문에 나라 간 교류가 쉽지 않았다. 그럼에도 '동서 **교역로**'가 있었기 때문에 인류의 문화와 문명이 아주 오래전부터 연결되고 발전할 수 있었다.

선사 시대부터 **유목민**들이 이동 생활을 하며 생긴 '초원길'은 중앙아시아의 광활한 초원을 가로지른다. 초원길은 아시아에서 유럽에 이르는 길 중 가장 평탄하고 빠른 길이었기 때문에 제일 먼저 동서 교역로로 이용되었다. 다양한 물건과 문화가 오고 가는 유일한 통로인 초원길을 가진 사람은 경제적 이득과 권력을 가질 수밖에 없었다. 그래서 서역의 상인들은 주로 초원길을 차지하고 있는 유목 민족에게 경제력을 지원하는 대가로 초원길을 독점적으로 이용할 수 있는 권한을 가졌다.

하지만 일부 상인과 유목 민족 간의 거래로 인해 다른 상인들은 초원길을 이용하기 위해 비싼 통행료를 내야 했다. 이에 많은 사람이 부담을 느끼면서 또 다른 교역로가 필요해졌고, '비단길(실크로드)'이 개척되었다. 초원길에 비해 산맥과 사막, 고원 등을 지나야 해서 매우 험난했으며 이 길을 만드는 데에 큰 비용과 시간이 들었다. 하지만 막대한 통행료를 지불하지 않아도 되어 더 많은 사람이 이용한 비단길은 현재 동서 교역로 중에서 가장 중요한 길이라고 평가받고 있다.

비단길은 그 명성에 걸맞게 중국 한나라의 수도였던 장안에서 시작해서 지중해까지 매우 길게 이어지며, 동서 교역에 약 1,500년간 사용되었다. 이 길을 통해 중국의 비단, 차, 도자기 등이 서양으로 수출되었고 서양은 향신료, 보석, 유리 제품 등을 중국으로 수출하였다. 이를 통해 동서양의 경제가 활성화되면서 양쪽 모두 많은 부를 축적할 수 있었다. 또한 불교, 이슬람교, 기독교 등의 종교가 전파되거나, 서로 다른 지역의 예술 양식이 결합하여 새로운 예술 형태가 탄생하기도 했다. 종이, 인쇄술, 화약 등의 중국 기술이 서양으로, 서양의 천문학, 수학 등의 지식이 동양으로 전해지면서 기술 발전에도 크게 도움이 되었다. 그러나 비단길 역시 유목 민족이 일부 구간을 차지하여 상인들에게 통행료를 받거나, 상인들을 **약탈하는** 일이 빈번하게 일어나면서 상업 활동에 지장을 주었다.

● **교역로**(交 사귈 교, 易 바꿀 역, 路 길 로) 상인이 물건을 사고 팔기 위하여 다니는 길.

● **유목민**(遊 놀 유, 牧 칠 목, 民 백성 민) 목축을 업으로 삼아 물과 풀을 따라 옮겨 다니며 사는 민족.

● **약탈**(掠 노략질할 약, 奪 빼앗을 탈)**하다** 폭력을 써서 남의 것을 억지로 빼앗다.

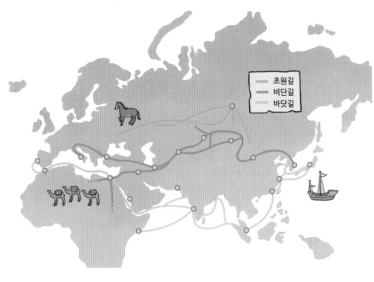

▲ 동서 교역로

이 시기 **항해술**˚과 선박 기술이 발달하면서 배를 통해 주요 항구 도시들을 경유하며 동서양이 교류한 '바닷길'이 생겼다. 자연재해와 해적의 위험이 있었지만 육로와 달리 산맥, 사막, 강 등 지리적 장애물을 극복할 필요가 없기 때문에, 더 많은 양의 상품을 더 빠르고 일관된 속도로 운반할 수 있다는 것이 장점이었다. 바닷길의 등장은 오히려 항해술, 선박 제작 기술의 발전에 더 **박차**˚를 가하게 하고, 해양 탐험과 무역 발전 또한 촉진했다. 바닷길은 오늘날에도 국제 무역과 경제 협력에서 중요한 역할을 하고 있다.

과거에 만들어진 동서 교역로는 지금도 그 역사적 가치와 의미를 인정받고 있어서 많은 연구가 이루어지고 있다. 단순한 무역로가 아니라 동서양의 문화를 연결하는 중요한 역할을 했고, 이를 통해 인류가 서로의 문화를 이해하고 경제·사회·문화·기술적으로 큰 발전을 이루었기 때문이다. 물론 **이권**˚ 쟁탈을 위한 전쟁도 있었지만, 이런 과정을 통해 평화와 협력이 더 나은 미래를 만들 수 있다는 교훈도 남겨 주었다. 과거에 비해 훨씬 쉽게 다양한 문화를 접할 수 있게 된 만큼, 서로를 이해하고 다양성을 존중하려는 노력이 더욱 중요해진 오늘날이다.

- **항해술**(航 배 항, 海 바다 해, 術 재주 술) 배를 타고 바다 위를 다니는 기술.
- **박차**(拍 칠 박, 車 수레 차) 어떤 일을 다그쳐 빨리 나아가게 하려고 더하는 힘.
- **이권**(利 이로울 이, 權 권세 권) 이익을 얻을 수 있는 권리.

 **구조읽기** ▲ 빈칸에 알맞은 낱말을 써넣으며 내용을 정리해 보세요.

정답 및 해설 **36쪽**

'동서 교역로'가 있었기 때문에 인류의 문화와 문명이 아주 오래전부터 연결되고 발전할 수 있었음.

| ❶ ㅊ ㅇ ㄱ 은 가장 평탄하고 빠른 길이었기 때문에 제일 먼저 동서 교역로로 이용됨. | ❷ ㅂ ㄷ ㄱ 은 매우 험난했지만 막대한 통행료를 지불하지 않아도 되어 오랫동안 많은 사람이 이용함. | 항해술과 선박 기술이 발달하면서 생긴 ❸ ㅂ ㄷ ㄱ 은 배를 통해 많은 양의 상품을 빨리 운반할 수 있게 됨. |

❹ ㄷ ㅅ ㄱ ㅇ ㄹ 는 단순한 무역로가 아니라 동서양의 문화를 연결하는 중요한 역할을 했음.

2 회독 빈칸을 채우지 못했다면 다시 꼼꼼히 읽어요!

1 이 글의 글쓴이가 읽는 이에게 알려 주고자 하는 내용에 ○표 하세요.

(1) 유목 민족의 역사 (　　　　)

(2) 동서양 문화의 다양성 (　　　　)

(3) 동서 교역로의 역사적 가치와 의미 (　　　　)

2 이 글의 내용으로 알맞지 <u>않은</u> 것은 무엇인가요? (　　　　)

① 동서 교역로는 동서양의 문화를 연결해 주는 역할을 하였다.

② 비단길을 통해 불교, 이슬람교, 기독교 등의 종교가 전파되었다.

③ 바닷길은 자연재해와 해적 때문에 동서 교역로 중 제일 먼저 사라졌다.

④ 비단길을 통해 중국의 비단 등을 서양으로, 서양의 향신료 등을 중국으로 수출하였다.

⑤ 초원길은 중앙아시아의 초원을 가로지르기 때문에 아시아에서 유럽에 이르는 길 중 가장 평탄한 길이다.

3 각각의 동서 교역로가 만들어진 까닭으로 알맞은 것을 연결하세요.

(1) 초원길 •

(2) 비단길 •

(3) 바닷길 •

• ① 비싼 통행료 없이 동서양을 오갈 수 있는 길이 필요했다.

• ② 더 많은 물건을 더 빠르고 일관된 속도로 운반하고 싶었다.

• ③ 동서양이 교류할 수 있는 가장 평탄하고 빠른 길이 필요했다.

4 이 글에 나타난 인문 분야 글의 특징으로 알맞지 <u>않은</u> 것에 ✕표 하세요.

(1) 인류가 동서 교역로를 만들고 점차 발전시킨 과정을 직접 체험해 보도록 권하였다. (　　　　)

(2) 단순히 동서 교역로의 특징을 설명한 것이 아니라, 이를 통해 인류가 배운 점도 드러나 있다. (　　　　)

(3) 글의 마지막에 오늘날 우리가 노력할 점을 제시하여 동서 교역을 다양한 관점에서 생각해 보도록 하였다. (　　　　)

5 이 글을 바르게 이해한 친구의 이름에 ○표 하세요.

예슬

> 지금처럼 운송 수단이나 인터넷이 발달하기 전에는 문화의 교류가 완전히 불가능했다는 것을 알 수 있어.

> 동서 교역로는 길이기 때문에 문화 교류보다는 단순히 물건을 거래하고 서로 부를 쌓는 데에 이용됐어.

한들

> 교역로를 차지하기 위한 이런 다툼에는 누군가의 희생과 고통이 따랐을 거야. 그래서 평화적으로 협력하는 것이 모두를 더 위해 낫다는 교훈을 얻었을 거야.

지안

6 이 글과 **보기**를 읽고 더 알아보고 싶은 내용을 알맞게 정리하지 <u>못한</u> 것은 무엇인가요? (   )

┤ 보기 ├

　초원길은 몽골 제국 시대에 크게 발전했다. 실제로 몽골 제국이 유럽까지 원정을 떠날 때 이용했던 길이기도 하다. 몽골 제국이 후에 중국에서부터 유럽에 이르는 대제국을 건설하면서 초원길, 비단길, 바닷길 3대 교역로를 모두 차지하여 관리했다.

① 비단길은 왜 이름이 비단길이 되었을까?
② 초원길, 비단길, 바닷길 외에는 동서 교역로가 더 없었을까?
③ 몽골 제국이 유럽까지 원정을 떠날 때 이용했던 길은 무엇일까?
④ 몽골 제국의 예술 양식이 서양의 예술 양식에 어떤 영향을 끼쳤을까?
⑤ 몽골 제국이 3대 교역로를 차지한 후에 동서 교류는 더 활발해졌을까?

> 동서 교역에 약 1,500년간 사용된 비단길을 오가던 상인들의 모습을 상상해 보아요.

7 동서 교역로 중에서 가장 중요한 길이라고 평가받고 있는 비단길을 오가던 상인들에게 궁금한 점이나 하고 싶은 말을 써 보세요.

_____

_____

_____

18 정서 표현의 글, 수필

수필은 '붓 가는 대로 쓴 글'이라고 했을 정도로, 형식의 제약을 받지 않고 생각이나 느낌을 산문으로 표현한 글이에요. 일상생활과 주변의 상황이 모두 글감이 될 수 있기 때문에 글에 담긴 글쓴이의 개성을 통해 재미뿐만 아니라 삶의 지혜도 얻을 수 있어요.

✦수필 • 일정한 형식이 정해져 있지 않아서 일기, 편지, 기행문 등 다양한 형식으로 쓸 수 있음.

• 수필은 글쓴이가 겪은 일, 생각이나 느낌 등을 솔직하게 쓴 글이기 때문에 글쓴이의 개성이 뚜렷이 나타나고, 작가가 아니어도 누구나 쓸 수 있음.

확인 문제를 풀어 보며 개념을 익혀요.

다음 빈칸에 알맞은 말을 쓰세요.

'붓 가는 대로 쓴 글'이라는 뜻의 [   ]은 형식의 제약을 받지 않고 생각이나 느낌을 산문으로 표현한 글이다.

2~5 **다음 중 수필의 특성으로 알맞은 것의 번호를 쓰세요.**

2

① 정해진 형식 없이 자유롭게 쓸 수 있다.
② 이야기 글처럼 발단, 전개, 위기, 절정, 결말의 형식을 갖춰야 한다.

(   )

3

① 누구나 쓸 수 있는 비전문적인 글이다.
② 권위를 가진 전문가가 쓰는 전문적인 글이다.

(   )

4

① 검증된 자료를 토대로 쓴 것으로 객관성이 드러난다.
② 글쓴이가 겪은 일과 생각이나 느낌을 솔직하게 쓴 글로 개성이 뚜렷이 나타난다.

(   )

5

① '나'는 글쓴이 자신이다.
② '나'는 글쓴이의 상상력으로 만들어진 인물이다.

(   )

옛길

아버지는 하급 공무원이셨다. 그런데 대인관계가 워낙 좋으셨던 데다 성북동이라는 부자 동네에서 근무하시는 ㉠바람에 지인들은 모두 갑부급의 부자나 **고관대작**˚들이었다. 덕분에 가족 모임이 있을 때면 남산의 하이야트 호텔에서 뷔페를 먹고, 프랑스 요리 전문 식당에서 하는 계모임에 따라가고, 삼청동의 으리으리한 갈빗집 대원각에서 일 년이면 두 번씩 공짜로 갈비를 뜯으며 어린 시절을 보냈다.

아버지가 그런 좋은 곳에 우리를 데려가실 때면 지금도 잊을 수 없는 차 넘버 5323을 단 포니 자동차에 우리 가족들을 태우고 늘 성북동 북악스카이웨이로 해서 가셨다. 커다랗고 아름다운 주택가 사이에 난 그 길은 봄이면 개나리와 벚꽃들이 **무성하게**˚ 피어 달리는 것만으로도 기분이 싱그러워지는 곳이었고, 밤이면 서울의 야경이 쏟아 내는 무수한 불빛이 내려다보이던 멋진 풍경을 지닌 길이었다. (중략)

시간이 또다시 흐르고 내가 조금 더 어른이 되어 내 힘으로 돈을 벌고 내 자동차가 생기게 되었을 때 나의 출퇴근길은 항상 일정했다. 북악스카이웨이로 해서 성북동 길로 빠져 삼청동 쪽으로 나가는, 아버지가 어린 시절 늘 우리 가족을 태우고 다니셨던 그 길. 조금만 올라가면 곰의 집이 있고 팔각정과 대원각이 있던 바로 그 길이었다.

거리상으로 보자면 돌아가는 코스였지만 난 아무리 늦거나 피곤해도 언제나 그 길로만 다녔다. 그 길을 지날 때만큼은 잠시나마 어린 시절로 돌아갈 수 있는 유일한 순간이기 때문이었다.

재작년 아버지의 칠순 때 아버지는 잔치를 거부하셨다. 그래서 잔치는 그만두고 **조촐하게**˚ 가족끼리만 식사를 하기로 했는데 그때 내가 우겨서 간 곳이 삼청각이었다. 그곳은 대원각이 없어져서 사찰이 된 이후, 성북동에 남아 있는 거의 유일한 한식집이었다. 그곳에서 아버지의 칠순 잔치를 해 드리던 날. 비가 부슬부슬 내리는 속에서 우리 가족들은 식사를 마치고 우산을 나눠 쓴 채 삼청각 안을 거닐며 그 옛날 그랬던 것처럼 성북동의 야경을 감상했다.

"야…… 멋지다." 어머니가 실로 오랜만에 말씀하셨다.

나는 궁금했다. 식구들이 나만큼 **감흥**˚을 느끼고 있을지. (중략)

● **고관대작**(高 높을 고, 官 벼슬 관, 大 큰 대, 爵 벼슬 작) 지위가 높고 훌륭한 벼슬. 또는 그런 위치에 있는 사람.

● **무성**(茂 우거질 무, 盛 성할 성)**하다** 풀이나 나무 등이 자라서 우거져 있다.

● **조촐하다** 요란하지 않고 소박하다.

● **감흥**(感 느낄 감, 興 일어날 흥) 마음속 깊이 감동받아 일어나는 흥취.

얼마를 벌어야 그때 그 시절로 돌아갈 수 있을까. 아마도 나의 갈증은 채워질 수 없을 것이다. 제아무리 많은 돈을 번다 해도 그때로 돌아가기란 불가능할 테니까. 다만 나는 올해 어머니 칠순 때도, 성북동의 조금은 비싼 음식점에서 잔치를 해 드릴 수 있을 만큼의 돈이 내게 있길 바란다. 변함없이 출퇴근길로 **애용하고**˚, 그곳에 서 있는 커다랗고 아름다운 집들을 보며 부모님과 함께 살게 되길 여전히 꿈꾸고, 어린 시절 누이들과 다녔던 추억을 **아스라이**˚ 되새기는 그곳 성북동에서.

사람이 일평생 **유년**˚의 기억에 지배를 받는다는 사실은 불행일까 행복일까. 그리움에 젖어 돌아갈 수 없는 시절을 그리워한다는 것으로만 보면 불행일 것이고, 그리워할 대상이 있다는 것은 또한 행복일 것이다.

- **애용**(愛 사랑 애, 用 쓸 용)**하다** 좋아하여 애착을 가지고 자주 사용하다.
- **아스라이** 기억이 분명하게 나지 않고 가물가물하게.
- **유년**(幼 어릴 유, 年 해 년) 어린 나이나 때.

구조 읽기 빈칸에 알맞은 낱말을 써넣으며 내용을 정리해 보세요.

정답 및 해설 **38**쪽

어린 시절	❷ ㅇ ㄹ 이 되어	재작년 아버지의 칠순 때
아버지는 ❶ ㅅ ㅂ ㄷ 에서 근무하셨고, 좋은 음식점에 데려가실 때면 북악스카이웨이로 해서 가심.	북악스카이웨이로 해서 출퇴근을 하면서 잠시나마 어린 시절로 돌아감.	내가 우겨서 삼청각에서 식사를 함. 식구들도 나만큼 감흥을 느끼고 있을지 궁금함.

글쓴이가 겪은 일에 대한 생각이나 느낌	다시 돌아갈 수 없는 그 시절의 ❸ ㅊ ㅇ 을 아스라이 되새기며 살아가는 것이 불행일지 행복일지 생각해 봄.

2 회독 빈칸을 채우지 못했다면 다시 **꼼꼼히** 읽어요!

1 이 글의 전개 방식으로 알맞은 것을 두 가지 고르세요. (   )

① 겪은 일을 시간의 흐름에 따라 풀어내었다.

② 돌아갈 수 없는 어린 시절에 대한 그리움을 말하고자 하였다.

③ 문제 상황에 대한 다양한 입장을 제시하여 읽는 이의 이해를 돕고 있다.

④ 비슷한 생각을 가진 다른 사람의 의견을 토대로 자신의 주장을 강조하였다.

⑤ 어린 시절 가족이 함께 다니던 길과 음식점을 소개하는 형식으로 전개하였다.

2 ⊙'바람'과 같은 의미로 쓰인 것을 두 가지 고르세요. (   )

① 강한 바람이 불어 나무가 세차게 흔들렸다.

② 어제 늦게 자는 바람에 오늘 지각을 하고 말았다.

③ 모두가 건강하게 돌아오는 것이 나의 간절한 바람이다.

④ 자료를 가져오지 않는 바람에 발표를 제대로 할 수 없었다.

⑤ 최근 즐겁게 건강 관리를 하려는 바람이 사람들 사이에서 일고 있다.

3 이 글의 글쓴이가 다음과 같은 행동을 한 까닭으로 알맞은 것에 ○표 하세요.

> • '나'는 아버지가 어린 시절 늘 우리 가족을 태우고 다니셨던 그 길로 출퇴근을 한다.
> • '내'가 우겨서 성북동의 한식집에서 아버지의 칠순 잔치를 했다.

(1) 고관대작이셨던 아버지를 자랑하고 싶어서 (   )

(2) 어른이 되어서도 어린 시절 성북동에서 살던 때가 그리워서 (   )

4 이 글의 내용을 글쓴이가 겪은 일과 그에 대한 생각이나 느낌으로 나눌 때 생각이나 느낌을 정리한 부분이 시작되는 첫 세 글자를 찾아 쓰세요.

(   )

5 이 글의 글쓴이가 다음 글을 읽고 할 수 있는 말로 어울리지 <u>않는</u> 것은 무엇인가요? (   )

> 최근 서울의 한 영화관에 디즈니 영화 전용관이 설치되어 연중 디즈니 영화만을 상영할 계획이라고 한다. 그만큼 디즈니 영화를 즐기는 사람이 많다는 것이다. 그런데 이렇게 디즈니 영화가 개봉할 때마다 영화관을 찾는 관람객 중 이삼십 대가 특히 많다고 한다. 디즈니와 함께 어린 시절을 보낸 사람들이 어른이 되어서도 그 추억을 잊지 못하는 것이다.

① 어린 시절을 추억하는 건 '나'뿐만이 아니었어.

② '나'에게는 성북동에서의 어린 시절이라면 이들에게는 디즈니 영화가 추억의 대상이구나.

③ 추억의 장소는 시간이 흐르면 없어지기도 하는데 영화는 언제든 찾아볼 수 있다는 것이 부러워.

④ '나'도 어린 시절에 디즈니 영화를 보긴 했지만 요즘 나오는 것처럼 재미있지는 않았던 것 같아.

⑤ 유년 시절로 돌아갈 수는 없는 것은 마찬가지인데, 이들도 '나'처럼 채워지지 않는 갈증이 있을까?

> 기억에 남는 추억의 장소나 대상을 소개하고 왜 기억에 남는지 그때 있었던 일을 바탕으로 생각이나 느낌을 자세하게 쓰면 좋아요.

6 기억에 남는 추억의 장소나 대상을 떠올려 일기 형식의 수필을 자유롭게 써 보세요.

_____

_____

_____

_____

_____

_____

19 글쓴이의 의도나 관점 추론

> 어른들은 '세 살 적 버릇이 여든까지 간다'라는 이유로 평소 바른 생활 습관을 익혀야 한다고 말씀하십니다. 하지만 저는 다 때가 되면 알아서 하게 되어 있다고 생각합니다.

> 양말이나 옷을 벗은 자리에 그대로 둔다든지 과자를 먹고 봉지를 치우지 않는다든지 하는 것은 누가 시키지 않아도 나중에는 스스로 하게 되어 있기 때문에 지금은 억지로 시키지 말아야 한다고 생각합니다.

글쓴이의 평소 모습을 추론할 수 있어.

내 생각에 글쓴이는 지금 당장 바른 생활 습관을 익혀야 할 것 같아.

글쓴이는 글 속에서 본인의 의도와 목적을 직접 밝히기보다 정보의 일부를 의도적으로 감추거나 생략하여 표현하기 때문에 글에 담긴 글쓴이의 의도나 관점을 추론하며 읽어야 해요.

글쓴이의 의도나 관점을 추론하며 읽는 방법

- 앞뒤 문맥, 낱말이나 문장 등에 나타난 단서와 자신의 지식과 경험을 적극적으로 활용하여 추론하며 읽어야 함.
- 글에 나타난 정보를 통해 추론할 수 있는 글쓴이의 의도나 관점이 자신의 생각과 어떻게 다른지 따져 보며 읽어야 함.

1 다음 빈칸에 공통으로 들어갈 낱말을 쓰세요.

> • 이미 알려진 정보를 근거로 삼아 다른 판단을 이끌어 내는 것을 [   ] 이라고 한다.
>
> • 글을 읽을 때에는 앞뒤 문맥, 낱말이나 문장 등에 나타난 단서와 배경지식을 적극적으로 활용하여 [   ] 하며 읽어야 한다.

(   )

2~4 다음과 같은 상황에서 밑줄 친 말에 담긴 의도를 알맞게 추론한 것을 연결하세요.

2
열린 창문으로 찬 바람이 들어오자 수빈이가 몸을 부르르 떨며 창문 가까이 앉아 있는 택이에게 말했다.
"<u>좀 춥지 않아?</u>"

① 택이는 춥지 않은지 궁금하다.

② 택이가 창문을 닫아 주면 좋겠다.

3
수업 시간에 웅성웅성하는 소리가 들리자 선생님이 화난 표정으로 말씀하셨다.
"<u>수업 시간에 떠들어도 되나?</u>"

① 잡담을 멈추고 수업에 집중하자.

② 수업 시간에 떠들어도 되는지 알고 싶다.

4
밀린 숙제를 하던 지우는 축구 방송 시간이 다가오자 마음이 조마조마했다. 엄마께 혼이 날까 봐 작은 목소리로 말끝을 흐렸다.
"<u>곧 축구 경기할 시간인데……</u>"

① 축구를 보고 나서 숙제를 하고 싶다.

② 숙제를 다하고 홀가분하게 축구를 보겠다.

건강 관리도 즐겁게

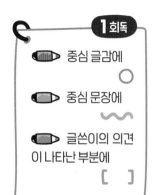

1회독

- 중심 글감에
- 중심 문장에
- 글쓴이의 의견
이 나타난 부분에

[   ]

과거에는 힘겹게 운동하며 건강을 관리하고 먹는 즐거움을 **절제하며**˙ 다이어트를 하였다. 10년 전만 해도 2주 동안 삶은 달걀과 식빵만 먹으며 고단백 저칼로리를 섭취하는 덴마크 다이어트나 토마토, 바나나, 닭가슴살 등 한 가지 음식만 먹으며 체중을 조절하는 원 푸드 다이어트가 유행이었다. 먹는 것을 포기하고 배고픔을 참으며 건강 관리를 위해 노력한 것이다.

'   ㉠   '라는 말을 들어 보았는가? 무엇이든 즐겁게 한다면 꾸준히 노력하여 더 좋은 결과를 낼 수 있다는 말이다. 이제는 포기하고 참는 건강 관리가 아니라 즐기는 건강 관리가 **대세**˙인 것이다. 1인 가구의 증가와 건강과 보건에 대한 중요성이 커지면서 경험과 재미를 추구하는 젊은 세대들이 '헬시플레저' **열풍**˙을 주도하고 있다. 헬시플레저(Healthy Pleasure)란, Healthy(건강한)와 Pleasure(즐거움)의 합성어로, 건강을 즐겁게 관리한다는 뜻이다.

지속 가능한 건강 관리를 추구하는 사람들은 힘겹게 운동하지 않고 즐겁게 운동한다. 과거에는 헬스장에서 운동 기구를 사용하여 스스로의 한계에 도전하는 운동이 주를 이뤘다면, 요즘은

배드민턴, 클라이밍, 수영, 테니스 등 자신이 좋아하는 운동을 다양하게 즐긴다. 또한 혼자 운동하지 않고 마음이 맞는 사람들과 모여 운동 동호회를 꾸려 함께 운동한다. 함께 운동하며 운동의 즐거움뿐만 아니라 같이하는 재미까지 얻을 수 있다. 사람들은 자신의 운동 기록을 공유하는 그 자체를 즐기는 모습도 보인다. 사회관계망 서비스[SNS]의 발달로 자신의 일상생활을 공유하는 사람이 많아지면서 운동 성과도 예외가 아니다. 오늘도 운동을 완료했다는 의미의 '#오운완' 해시태그를 달며 스스로의 운동을 기록하는 것이다. 이렇게 성과를 기록하여 공유하는 사람들은 스스로 뿌듯함도 느끼고 꾸준히 할 수 있는 **원동력**˙을 얻는다고 말한다.

- **절제**(節 마디 절, 制 억제할 제)**하다** 정도에 넘지 아니하도록 알맞게 조절하여 제한하다.
- **대세**(大 큰 대, 勢 기세 세) 일이 진행되어 가는 결정적인 형세.
- **열풍**(烈 세찰 열, 風 바람 풍) 매우 세차게 일어나는 기운이나 기세를 비유적으로 이르는 말.
- **원동력**(原 근원 원, 動 움직일 동, 力 힘 력) 어떤 움직임의 근본이 되는 힘.

맛이 없는 음식도 건강을 위해 꾹 참고 먹거나 굶으며 다이어트를 하던 과거와 달리, 요즘은 맛있고 건강한 음식을 즐기려는 경향을 보인다. 건강을 위해 칼로리는 낮추되 맛있게 먹기 위해 곤약 떡볶이, 두부면 파스타 등의 음식이 많이 **출시되고** 있다. 또한 자신이 개발한 다이어트 음식 만드는 방법을 SNS에 공유하기도 하고, 그 내용을 보고 따라 만들어 보는 사람도 많다. 실제로 헬시플레저가 유행한 후 질병 관리청의 2021년 국민 건강 영양 조사 결과에 따르면 우리나라 국민은 가공식품을 통해 34.6g의 당류를 **섭취한다고** 한다. 이는 하루 총 열량의 7.5%로 세계 보건 기구의 **권고** 기준인 10%보다 낮다. 건강한 식생활을 즐기면서 과도한 당류 섭취가 줄어든 것이다.

　노력하는 사람은 좋은 결과를 만들어 낸다. 하지만 과정을 즐기는 사람은 더 좋은 결과를 내기 위해 다양하게 생각하고 시도하면서 더 큰 성공을 이뤄 낸다. 즐기는 자가 성공한다는 말은 운동, 공부 등 여러 분야에 적용할 수 있는데 건강 관리에서도 예외가 아닌 듯하다. 무엇이든 즐기면서 한다면 과정도 결과도 만족스러울 것이다.

● **출시**(出 날 출, 市 시장 시)**되다** 상품이 시중에 나오다.

● **섭취**(攝 당길 섭, 取 취할 취)**하다** 생물체가 양분 등을 몸속에 빨아들이다.

● **권고**(勸 권할 권, 告 알릴 고) 어떤 일을 하도록 권함.

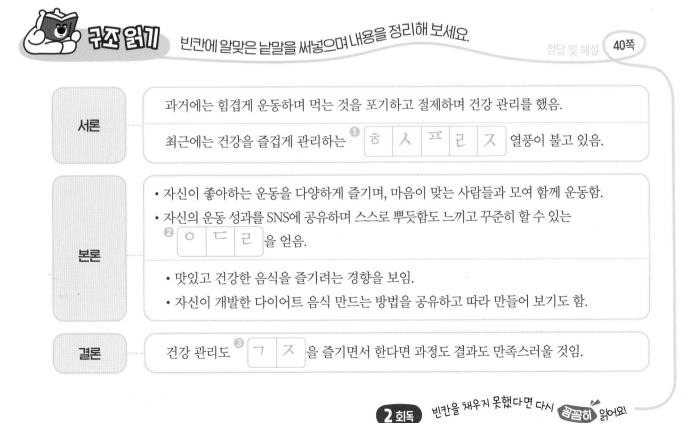

구조읽기 빈칸에 알맞은 낱말을 써넣으며 내용을 정리해 보세요.

정답 및 해설 **40쪽**

서론	과거에는 힘겹게 운동하며 먹는 것을 포기하고 절제하며 건강 관리를 했음.
	최근에는 건강을 즐겁게 관리하는 ❶ ㅎ ㅅ ㅍ ㄹ ㅈ 열풍이 불고 있음.
본론	• 자신이 좋아하는 운동을 다양하게 즐기며, 마음이 맞는 사람들과 모여 함께 운동함. • 자신의 운동 성과를 SNS에 공유하며 스스로 뿌듯함도 느끼고 꾸준히 할 수 있는 ❷ ㅇ ㄷ ㄹ 을 얻음.
	• 맛있고 건강한 음식을 즐기려는 경향을 보임. • 자신이 개발한 다이어트 음식 만드는 방법을 공유하고 따라 만들어 보기도 함.
결론	건강 관리도 ❸ ㄱ ㅈ 을 즐기면서 한다면 과정도 결과도 만족스러울 것임.

2회독 빈칸을 채우지 못했다면 다시 **꼼꼼히** 읽어요!

1 이 글을 읽고 알 수 있는 내용으로 알맞지 <u>않은</u> 것은 무엇인가요? (   )

① 헬시플레저 열풍은 SNS에서도 찾아볼 수 있다.

② 최근에 먹는 것을 포기하고 건강을 관리하려는 움직임이 많아졌다.

③ 헬시플레저는 건강 관리도 즐겁게 하려는 사람들의 마음이 반영되었다.

④ 마음이 맞는 사람들과 함께 운동하며 즐거움을 얻는 사람들이 많아졌다.

⑤ 건강한 음식을 즐기다 보면 실제 건강에도 도움이 된다는 조사 결과가 있다.

2 ㉠에 들어갈 내용으로 알맞은 것은 무엇인가요? (   )

① 노력은 결코 헛되지 않다.

② 고생 없이는 아무것도 얻을 수 없다.

③ 행운은 노력하는 사람에게 찾아온다.

④ 노력하는 자는 즐기는 자를 이기지 못한다.

⑤ 지금 잠을 자면 꿈을 꾸지만 잠을 자지 않으면 꿈을 이룬다.

3 글쓴이가 이 글을 쓴 의도로 알맞은 것에 ○표 하세요.

(1) 새롭게 생겨난 운동의 종류와 방법을 소개하기 위해서   (   )

(2) 건강 관리는 과정보다 결과가 중요하다는 것을 강조하려고 (   )

(3) 새로운 문화를 알려 주면서 건강 관리도 즐겁게 할 것을 권하려고

(   )

4 다음 중 글쓴이의 의도나 관점을 알맞게 파악하고 그에 알맞은 경험을 떠올려 말한 친구의 이름에 ○표 하세요.

한자 외우기가 너무 힘들었지만 노력하면 된다는 생각에 밤새 억지로 쓰면서 외웠어. 덕분에 한자 시험에 합격해서 참 기뻤어.

예슬

수영 기록을 단축하는 게 정말 힘들어. 하지만 최선을 다하면 될 것이라는 믿음을 가지고 매일 두 시간씩 꾸준히 연습하고 있어.

서연

바이올린을 연주하는 것이 너무 재미있어서 연습하다가 시계를 보니 세 시간이 훌쩍 지나 있었던 기억이 나. 내가 즐기며 하니까 스스로 연습하게 되고 성취감도 크더라.

한들

5 다음 글의 빈칸에 들어가기 알맞은 말을 마지막 문단에서 찾아 네 글자로 쓰세요.

> 2021년에 열린 도쿄 올림픽에서 24년 만에 한국 신기록을 세운 대한민국의 높이뛰기 선수는 경기 중에 항상 밝은 웃음을 짓기로 유명하다. 여러 경기에서 좋은 결과를 낸 비결을 묻는 인터뷰에서 그는 딱히 비결이 없다며 그저 (   ) 했을 뿐이라고 답했다. 이어 그는 상대 선수와의 경쟁도 즐기고 기록 경신에 대한 도전도 즐겼더니 좋은 결과가 따라와서 기쁘다고 말했다. 성적이나 메달에 집착하지 않고 어렸을 적 우상이었던 선수들과 함께 뛸 수 있다는 사실만으로도 그는 꿈을 이뤘다고 하였다.

6 이 글에 나타난 글쓴이의 의견에 대한 반론을 알맞게 말한 친구의 이름에 ○표 하세요.

'인내는 쓰고 열매는 달다.'라는 말이 있어. 정말 괴롭고 어려운 일은 즐기면서 할 수 없잖아. 그렇다고 포기해서도 안 되고. 참고 견뎌 내는 일도 대단한 것이기 때문에 노력도 존중해야 한다고 생각해.

준우

글쓴이의 생각을 반대로 말하면 '즐길 수 없다면 피해라.'가 되지 않을까? 힘든 일을 어떻게 즐기며 할 수 있겠어. 즐기며 할 수 없는 일은 빨리 포기할수록 좋은 것 같아.

지안

> 글쓴이는 건강 관리도 즐겁게 하자는 의견을 말하고 있어요. 나는 평소에 어떤 마음가짐으로 생활하는지 떠올려 보아요.

7 이 글에 나타난 글쓴이의 의견을 정리하고 그에 대한 내 생각을 써 보세요.

_____

_____

_____

20 시나리오의 특징

시나리오를 읽을 때에는 효과음, 조명, 음악 등이 만들어 내는 분위기를 상상하며 장면을 떠올려 봐.

영화를 만들기 위하여 쓴 각본을 시나리오라고 해요. 글로 표현된 장면이 어떤 모습으로 영화에 담길지 상상하며 읽으면 좋아요.

✦시나리오 ・장면(Scene)이나 그 순서, 배우의 행동이나 대사 등을 상세하게 표현한 글.

・시나리오는 무대 상연이 아닌 극장(영화) 상영이 목적이므로 등장 인원, 배경, 시간 등에 대한 제약이 희곡보다 적음.

・시나리오는 주로 등장인물의 대사를 통해 사건이 진행되며 영화의 구성단위인 장면(Scene)의 변화에 의해 극이 흘러감.

확인 문제를 풀어 보며 개념을 익혀요.

1 다음은 무엇에 대한 설명인지 알맞은 것을 연결하세요.

(1) 영화를 만들기 위하여 쓴 각본. · · ① 희곡

(2) 공연을 목적으로 하는 연극의 대본. · · ② 시나리오

2 다음 빈칸에 알맞은 낱말을 **보기**에서 찾아 쓰세요.

| 보기 |
| 대사   문학   장면   적다   지문 |

	희곡	시나리오
공통점	(1) ( ) 작품으로 작가의 상상력으로 꾸며 낸 인물과 사건이 나온다. (2) 등장인물의 ( )와 행동을 통해 사건이 현재형으로 관객에게 전달된다. (3) 대사, ( ), 해설로 구성된다.	
차이점	막과 장으로 구성된다.	(4) ( )(Scene)으로 구성된다.
	시간과 공간의 제약이 많다.	시간과 공간의 제약이 거의 없다.
	등장인물 수에 제약이 있다.	등장인물 수에 제약이 (5) ( ).
	장면 전환이 어렵다.	장면 전환이 자유롭다.
	연극 상연을 목적으로 한다.	영화 상영을 목적으로 하기 때문에 촬영에 필요한 특수 용어가 사용된다.

명량 대첩

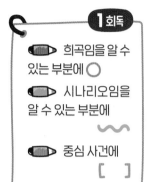

1회독

- 희곡임을 알수
있는 부분에 ○
- 시나리오임을
알 수 있는 부분에
〰
- 중심 사건에
[ ]

가 어두워졌던 무대가 서서히 밝아지며, 이순신이 장수들과 함께 지도를 살펴보고 있다. 긴장감이 느껴진다.

이순신 (진지하게) 상황이 어려운 것은 알고 있다. 하지만 우리에게는 아직 열세 척의 배가 있다. 우리는 꼭 이겨서 이 바다와 조선을 지켜야 한다.

장수 1 (두려운 목소리로) 하지만 우리의 수는 너무 적고, 왜군은 너무 많습니다.

이순신 (강하게) 그러니 더 신중해야 한다. (지도를 가리키며) 우리는 울돌목에서 싸울 것이다. 이곳은 물살이 아주 빠르고 좁아, 왜군이 한꺼번에 몰려들 수 없다. 울돌목에서 싸운다면 충분히 **승산**°이 있다.

장수 2 (의아하게) 하지만 장군, 울돌목의 물살은 우리에게도 위험하지 않습니까?

이순신 (고개를 끄덕이며) 그렇지. 하지만 우리는 이 바다를 알고 있다. (**결의**°에 찬 목소리로) 우리의 목표는 정오까지 버티는 것이다. 정오 이후론 바다가 우리 편이 될 것이다.

나 S# 97. 명량 바다 / 오전

㉠바다 위에 이순신의 배가 떠 있다. 이순신은 비장한 표정으로 서 있다.

이순신 (장수들을 둘러보며) 죽고자 싸우는 자는 살 것이요, 살고자 싸우는 자는 죽을 것이다. 우리에게 물러설 곳은 없다. 죽기로 싸워라!

바다 멀리 일본군이 보이기 시작한다. ㉡일본군의 **함대**°는 그 수가 많아 바다를 다 덮은 것처럼 보인다. 바다를 가르며 일본군이 점점 다가온다. 조선군의 얼굴에 두려움이 스쳐 간다. 일본군이 우리 배를 에워싸려 하자 조선군이 당황하고 싸우려 하지 않는다.

이순신 (다급하게) 절대 넓은 바다로 밀려나면 안 된다!
안위는 당장 앞으로 나아가 싸우라! 김응함은 적진으로 돌진하라!

- **승산**(勝 이길 승, 算 계산 산)
이길 수 있는 가능성.
- **결의**(決 결정할 결, 意 뜻 의)
뜻을 정하여 굳게 마음을 먹음.
- **함대**(艦 싸움배 함, 隊 떼 대)
여러 척의 군함으로 조직된 해군 부대.

S# 98. 명량 바다 / 정오

하늘의 해가 어느덧 머리 가운데로 비춘다. 조선군은 바닷물의 흐름이 북서에서 남동쪽으로 바뀌는 모습을 확인한다.

이순신 (　ㄱ　) 드디어 때가 왔다! 이제 바다도 우리를 돕는다. 모든 군사는 공격하라!

바뀐 물살에 우왕좌왕하며 정렬이 흐트러지는 일본군. 우리 **함선**°에서 **우레**° 같은 소리가 나며 포가 발사된다. 그 뒤를 군인들의 화살이 뒤덮는다. 일본군의 함선에는 불길이 치솟고 당황하는 일본군의 모습이 보인다.

이순신 (일본군과 맹렬하게 싸우며) 계속 공격하라! 한 척도 그냥 돌려보내지 말라!

물살을 타고 공격하는 조선군에 순식간에 수십 척의 일본군 배가 부서진다. 공격을 피한 일본군은 쫓아오는 조선군을 피해 도망친다.

군사들 (얼싸안고) 우리가 해냈다! 우리가 이겼다!

ㄷ이순신의 용맹한 눈 C.U.°

- **함선**(艦 싸움배 함, 船 배 선) 군대에서 쓰는 군함 등의 배.
- **우레** 번개가 친 다음에 하늘이 크게 울리는 소리.
- **C.U.**(Close Up) 등장하는 배경이나 인물의 일부를 화면에 크게 나타내라는 뜻의 특수 용어.

구조 읽기 빈칸에 알맞은 낱말을 써넣으며 내용을 정리해 보세요.

정답 및 해설 42쪽

	가 희곡	**나** 시나리오
등장인물	❶ ○ ㅅ ㅅ , 장수 1, 장수 2	이순신, 조선군, 일본군
장소	무대 위	명량 ❸ ㅂ ㄷ
사건	이순신이 장수들과 전투를 준비하며 ❷ ○ ㄷ ㅁ 에서 왜군과 싸우기로 함.	명량 바다에서 일본군을 무찌르고 조선군이 승리함.

2회독 빈칸을 채우지 못했다면 다시 꼼꼼히 읽어요!

1 글 **가**와 **나**의 글의 종류를 각각 쓰세요.

(1) 가	(2) 나

2 글 **가**와 **나**에 나타난 장면을 알맞게 연결하세요.

(1) 가 ·

(2) 나 ·

· ① 조선군과 일본군의 명량 대첩 전투 장면

· ② 이순신이 장수들과 명량 대첩을 준비하는 장면

3 글 **나**의 ㉠~㉢ 중 다음과 같은 시나리오의 특징이 드러난 부분의 기호를 쓰세요.

(1) 등장인물 수의 제약이 적다. (   )

(2) 시간과 공간의 제약이 거의 없다. (   )

(3) 촬영에 필요한 특수 용어가 사용된다. (   )

4 S# 98의 (㉤   )에 들어갈 지문으로 어울리는 것은 무엇인가요?

(   )

① 슬픈 목소리로   ② 두려워하며

③ 기쁜 목소리로   ④ 깊은 한숨을 쉬며

⑤ 고개를 숙이며

5 글 **가**와 **나**에 나타난 장면을 관객들에게 보여 주려고 할 때, 그 방법을 <u>잘못</u> 떠올려 말한 친구의 이름에 ○표 하세요.

가에서는 긴장감이 흐르는 음악이 나오고, 무대 위 책상에 지도를 펴 놓고 이순신과 장수들이 심각하게 회의하는 모습을 보여 주어야겠어.

지안

나의 S# 97에서는 일본군의 함대를 다 보여 줄 수 없으니 해설 부분은 성우가 읽고, 비장한 표정의 이순신을 찍어서 따로 보여 주는 것이 좋겠어.

한들

나의 S# 98에서는 바닷물의 흐름이 바뀌는 모습을 강조하여 보여 주고, 조선군과 일본군의 전투 장면을 실감 나게 보여 주어야겠어.

준우

시나리오는 장면 번호를 나타내는 'S#'으로 시작해요. 배경과 시간, 장면에 대한 해설, 인물의 대사와 지문으로 시나리오를 구성해 보세요.

6 글 **가**의 앞부분에 해당하는 다음 내용을 시나리오 형식으로 바꾸어 써 보세요.

> 이순신은 초조한 마음을 잊기 위해 달이 뜬 바닷가를 걷고 또 걸었다.
> "하, 어찌한단 말인가! 우리가 가진 것은 고작 열두 척의 배이고, 병사들은 전의를 상실했으니……."
> 많은 배와 병사를 잃은 상황에 마음은 찢어질 듯 아프고 착잡했지만, 이대로 포기할 수는 없었다.
> "반드시 방법이 있을 것이다. 죽기를 각오하고 해 보자!"

S# 10.

📷 사진 출처

국가유산청	www.khs.go.kr
국립중앙박물관	www.museum.go.kr
서울특별시 농업기술센터	agro.seoul.go.kr
셔터스톡	www.shutterstock.com/ko
연합뉴스	www.yna.co.kr
한국민족문화대백과사전	encykorea.aks.ac.kr
한국방송광고진흥공사	www.kobaco.co.kr

달곰한 시리즈

어휘 강화!
교과 학습
기본기 강화

독해 강화!
분석력, 통합력,
사고력 강화

달곰한 문해력
기본서

초등교사 100인 추천!
'3회독 학습법'으로
문해력 기본기를 다져요.

달곰한 문해력
초등 어휘

'낱말밭 어휘 학습'으로
각 학년 필수 교과 어휘를
완성해요.

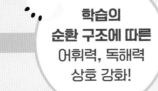

학습의
순환 구조에 따른
어휘력, 독해력
상호 강화!

달곰한 문해력
초등 독해

초등 최초! '주제 연결 독해법' 도입!
하나의 주제로 연결된
2개의 글을 읽어요.

초등 국어 교과에서 뽑은

단계별 개념

달콤한
문해력
기본서

2022 개정 교육과정에서 배우는
국어 교과 개념 200개를 다루었어요.

NE 능률

정답 및 해설

초6~중1, 예비 중1 추천

초등
6단계
B

단 단 읽고 꼼꼼 생각하는

구문해결 영어독해

단단한 영어독해

3회독 학습법

- 한번에 읽기
- 꼼꼼이 읽기
- 주도적 읽기

달달 읽고 곰곰 생각하는

달곰한

문해력 기초서

5~6학년, 예비 중1 추천

초등
6단계
B

정답 및 해설

지문을 다시 한 번 꼼꼼하게 읽어 보아요. 자신만의 읽기 방법이 만들어질 거예요.

정답 활용편

17

인문·예술 분야의 글

3회독

동서 교역로

★ 내가 표시한 내용을 교과서와 비교해 보세요

지금은 클릭 몇 번으로 다른 나라의 물건을 쉽게 구매할 수 있다. 심지어 외국 영화 등의 콘텐츠나 외국 가수의 음악도 인터넷으로 보고 들을 수 있다. 하지만 과거에는 지금처럼 운송 수단이 발달하지 않았고, 인터넷도 없었기 때문에 나라 간 교류가 쉽지 않았다. 그럼에도 '동서 교역로'가 있었기 때문에 인류의 문화와 문명이 아주 오래전부터 연결되고 발전할 수 있었다.

▶ '동서 교역로가 있었기 때문에 인류의 문화와 문명이 아주 오래전부터 연결되고 발전할 수 있었다.'

선사 시대부터 유목민들의 이동 생활을 하며 생긴 (초원길)은 중앙아시아의 광활한 초원을 가로질러 있다. 초원길은 아시아에서 유럽 에 이르는 길 중 가장 평탄하고 빠른 길이었기 때문에 제일 먼저 동서 교역로로 이용되었다. 다양한 물건과 문화가 오고 가는 유일한 통로인 초원길은 가진 사람은 경제적 이득과 권력을 가질 수밖에 없었다. 그래서 서역의 상인들은 주로 초원길을 독차지하고 있는 여러 민족에게 경제적 도움을 지원하는 대가로 초원길을 빠른 시간에 이용할 수 있는 권한을 가졌다.

▶ 초원길은 가장 평탄하고 빠른 길이었기 때문에 제일 먼저 동서 교역로로 이용되었다.

하지만 [일부 상인과 유목 민족 간의 거래가 제대로 이뤄지지 않게 되면서 초원길을 이용하기 위해 비싼 통행료를 내야 했다. 이에 많은 상인들은 또 다른 교역로가 필요해졌고, (비단길(실크로드))이 개척되었다. 초원길에 비해 산맥과 사막, 고원 등을 지나야 해서 험난했으며 이 길을 만드는 데에 큰 비용과 시간이 들었다.] 하지만 비단길은 동서 교역로 중에서 가장 중요한 길이라고 평가된다.

▶ 비단길은 험난했지만 막대한 통행료를 지불하지 않게 되어 오랫동안 많은 사람들이 이용했다.

비단길은 그 명성에 걸맞게 중국 한나라의 수도였던 장안에서 시작해서 지중해까지 매우 길게 이어지며, 동서 교역에 약 1,500년간 사용되었다. 이 길을 통해 중국의 비단, 차, 도자기 등이 서양으로 수출되었고, 서양의 향신료, 보석, 유리 제품 등을 중국으로 수출하면서 양쪽 모두 많은 부를 축적할 수 있었다. 또한 불교, 이슬람교, 기독교 등의 종교가 전파되거나,

서로 다른 지역의 예술 양식이 결합하여 새로운 예술 형태가 탄생하기도 했다. 즉, 인쇄술 화약 등의 기술이 서양으로, 수학 등의 지식이 동양으로 전해지면서 기술 발전에도 크게 도움이 되었다. 그러나 비단길 역시 유목 민족이 일부 구간을 차지하여 상인들에게 통행료를 받거나, 상인들을 위협하는 일이 빈번하게 일어나면서 상업 활동에 영향을 주었다.

▶ 동서 교역에 약 1,500년간 사용된 비단길을 통해 중국의 비단, 차, 도자기 등이 서양으로 수출되었고, 서양의 향신료, 보석, 유리 제품 등을 중국으로 수출하면서 동방 종교와 예술 양식에도 서로 영향을 끼쳤다.

이 시기 항해술과 선박 기술이 발달하면서 배를 통해 주요 항구 도시들을 경유하며 교류하는 (바닷길)이 생겨났다. 자연재해와 해적의 위험이 있었지만 육로보다 수상이 교류는

이 많은 양의 상품을 더 빠르고 저렴한 속도로 운반할 수 있다는 것이 장점이었다. 바닷길이 등장은 오히려 함께술, 선박 제조 기술의 발전에 더 박차를 가하게 하고, 해양 탐험 과 무역 발전 또한 촉진했다. 바닷길은 오늘날에도 국제 무역과 경제 협력에서 중요한 역할을 하고 있다.

▶ 항해술과 선박 기술이 발달하면서 생긴 바닷길은 배를 통해 많은 상품을 더 빠르게 운반할 수 있었다.

과거에 만들어진 동서 교역로는 지금도 그 역사적 가치와 의미를 인정받고 있어 서 많은 연구가 이루어지고 있다. [단순한 무역로가 아니라 동서양의 문화를 연결 하는 중요한 역할을 했으며, 이를 통해 인류가 서로의 문화를 이해하고 경제·사회·문 화·기술적으로 큰 발전을 이루었기 때문이다. 물론 이런 생활을 위한 전쟁도 있었 지만, 이런 과정을 통해 평화와 협력이 더 나은 미래를 만들 수 있다는 교훈도 남겨 주었다.] 과거의 방법 훨씬 쉽게 다양한 문화를 접할 수 있게 된 만큼, 서로를 이해 하고 다양성을 존중하려는 노력이 더욱 중요해진 오늘날이다.

▶ 동서 교역로는 단순한 무역로가 아니라 동서양의 문화를 연결하는 중요한 역할을 했다.

요약하기

1 초원길   **2** 비단길   **3** 바닷길   **4** 동서 교역로

114~115쪽

나의 읽기 방법은!
글을 읽는 방법에 따라 잘 읽었는지 확인해 보세요

- 글쓴이가 일러 주고자 하는 대상에 ◯
- 그 교역로의 특징에 ∼∼∼
- 새로 알게 된 내용에 [ ]

문해력의 기본은 어휘!
새로운 지문을 만날 때마다 새로운 어휘도 익혀 보세요

★ 새로 알게 된 낱말이나 어려운 낱말을 써 보세요.

_____
_____
_____

잘 읽었나요?
글의 구조를 파악하며 잘 요약했는지 확인해 보세요

116~117쪽

1 (3)○   2 ③   3 (1)③ (2)① (3)②   4 (1)×   5 지안
6 ③   7 예시 답안 참고

중심 내용 파악하기

1 이 글은 초원길, 비단길, 바닷길로 대표되는 동서 교류로의 역사적 가치와 의미에 대해 설명하고 있다.

세부 내용 파악하기

2 바닷길은 자연재해와 해적의 위험이 있었으나 많은 물건을 더 빠르고 일관된 속도로 운반할 수 있다는 장점이 있었다. 그리고 오늘날에도 국제 무역과 경제 협력에서 중요한 역할을 하고 있다.

세부 내용 파악하기

3 초원길은 동서양이 교류할 수 있는 가장 빠르고 평탄한 길에 대한 필요성 때문에 생겼고, 비단길은 초원길을 이용하기 위해 비싼 통행료를 내게 되면 서 생겼으며, 바닷길은 항해술과 선박 기술이 발달하면서 생겨났다.

인문 분야 글의 특징 알기

4 이 글에 나타난 인문 분야 글의 특징으로 알맞지 않은 것은 (1)이다. 인류가 동서 교역로를 만들고 점차 발전시킨 과정을 직접 체험해 보도록 권하고 있지 않다.
이 글은 동서 교역로의 역사적 가치와 의미에 대해 알려 주고자 쓴 글로, 동서 교류로를 통해 인류의 문화와 문명이 아주 오래전부터 연결되고 발전될 수 있었다는 것에 대해 설명하고 있다. (2), (3)의 내용은 글의 마지막 문단에 나타나 있다.

비판하며 읽기

5 '이런 생활을 위한 전쟁도 있었지만, 이런 과정을 통해 평화와 협력이 더 나은 미래를 만들 수 있다는 교훈도 남겨 주었다.'라는 부분에 나타난 글쓴이의 관점을 지안이가 바르게 이해하고 말한 것이다.
· 운송 수단이나 인터넷이 발달하기 전에도 동서 교역로를 통해 다양한 문화의 교류가 이루어졌기 때문에 예솔이의 말은 알맞지 않다.
· 동서 교역로를 통해 종교나 예술 양식 등의 문화 활발하게 이루어졌기 때문에 한들 이의 말은 알맞지 않다.

질문하며 읽기

6 물문 제5수가 유럽까지 왕정을 떠날 때 초원길을 이용했다는 내용으로 알맞지 나타나 있기 때문에 더 알아보고 싶은 내용으로 알맞지 않다. **보기**에

7 **예시 답안1** 비단길을 오가면서 가장 힘들었던 점은 무엇인가요? / 비단길을 통해 동서양이 거래하던 품목 중 가장 인기 있었던 품목과 그 까닭은 무엇인가요? / 비단길에서 가장 위험했던 상황이나 가장 기억에 남는 일이 있었다면 이야기해 주세요. 등
예시 답안2 비단길의 주요 교역품이 값비싼 비단과 도자기라는 것을 알게 되었어요. 이런 물건을 노리는 산적과 유목민의 끊임없는 위협과 험난한 지형이 상인들을 힘들게 했을 것 같아요. 그런 어려움을 겪으며 동서양을 연결하는 통로 역할을 했다는 것을 알고 나니 상인들이 존경스러웠어요.

😊	비단길을 오가던 상인들에게 궁금한 점이나 하고 싶은 말을 알맞게 떠올려 썼습니다.
😐	비단길을 오가던 상인들에게 궁금한 점이나 하고 싶은 말을 떠올려 썼으나, 당시 상황과 어울리지 않는 내용이 일부 있습니다.
☹	비단길을 오가던 상인들의 상황과 전혀 상관없는 내용의 질문과 하고 싶은 말을 썼습니다.

빠른 정답 확인

문해력이 어떤 과정을 묻는 문제였는지 확인해 보세요

글을 바르게 이해하고 생각을 펼치기 위해서 어떻게 글을 읽어야 하는지 알려주는 도움말

글을 읽고 문제를 풀면서 어떤 정답을 잘못 짚었는지 알려주는 도움말

자신의 생각과 비교해 볼 수 있고 생각을 확장시킬 수 있는 예시 답안

어떤 기준으로 생각을 펼쳐 글을 쓰는 것이 좋은지 알려주는 채점 기준

01

시의 함축과 생략

3회독 하늘의 별 따기

+ 내가 표시한 내용과 예시 답을 비교하며 읽어 보세요.

중심 글감에 ◯
아이가 원하는 것에 〜〜〜
말하는 이가 하고 싶은 말에 [ ]

1연
─ 엄마, 저 (별) 좀 따 주세요. 아이가 원하는 것
　　　　중심 글감

2연
저기, 저 별 말이지?
초승달과 가장 가까이서 반짝이는 별.

3연
물론 따 줄 수는 있어.
나무 열매를 따듯
모옥, 별을 따 줄 수는 있어.

4연
그런데 말야.
하늘에 저렇게 별이 많은 건
사람들이 참았기 때문이야.
따고 싶어도 모두들 꾹 참았기 때문이야.

5연
─ 그래도 하나만 따 주세요.

6연
지금부터 눈을 꼬옥 감고 열을 세렴.
엄만 다 방법이 있거든.

7연
─ 하나, 두울, 셋, 넷, 다섯, 여섯, 일곱, 여덟, 아홉, 열!

8연
이제 눈을 떠 봐.
자아, 별!

9연
─ 에이, 이건 돌이잖아요.

10연
[거봐, 별은 땅에 내려오는 순간
말하는 이가 하고 싶은 말: 가지려 욕심 부리지 말고 그 자리에 두고 보아야 가치 있는 것이다.
이렇게 시들어 버린다.

11연
별을 손에 쥐고 싶어도
사람들이 참고 또 참는 것은 그래서란다.]

+ 새로 알게 된 낱말이나
어려운 낱말을 써 보세요.

_____
_____
_____
_____

1연 아이는 엄마에게 하늘의 별을 따 달라고 함.

2연 엄마도 초승달 가장 가까이에서 반짝이는 별을 바라보고 있음.

3~4연 엄마는 아이에게 나무 열매를 따듯 별을 딸 수 있다고 대답함. 하지만 하늘에 별이 많은 건 사람들이 별을 따고 싶어도 꾹 참았기 때문이라고 말함.

5연 아이는 그래도 별을 하나만 따 달라고 함.

6~7연 엄마는 아이에게 눈을 감고 열을 세라고 하셨고, 아이가 열을 셈.

8~9연 엄마가 아이에게 별이라고 하며 돌을 주자 아이가 실망함.

10~11연 별은 땅에 내려오는 순간 빛을 잃고 시들어 버려서 사람들이 별을 손에 쥐고 싶어도 참는 것이라고 엄마가 아이에게 일러 줌.

혼자 읽기
1 별　2 돌　3 손

6단계 B · 정답 및 해설 **4**

1 별 **2** ㉣ **3** ③ **4** ⑤ **5** 예술 **6** 예시 답안 참고

중심 글감 읽기

1 이 시에서 엄마와 아이는 하늘에 떠 있는 별을 따는 일에 대해 이야기를 나누고 있다.

문맥 파악하기

2 ㉣은 엄마가 아이에게 별을 기다리며 열을 세라고 하여 아이가 수를 센 것이다.
㉠, ㉡, ㉢은 하늘에 떠 있는 '별'을 뜻하고, ㉤은 하늘에서 딴 '별'을 가리킨다.

함축적 의미 파악하기

3 4연에서 엄마는 하늘에 지렁게 별이 많은 건 사람들이 따고 싶어도 꼭 참았기 때문이라고 하였다. 그리고 10연에서 별은 땅에 내려오는 순간 시들어 버린다고 하였다. 이를 통해 '별'은 간절히 원하지만 잡아야 하는 것을 함축적으로 표현한 것임을 알 수 있다.
⑤ 별을 나무 열매를 따듯 딸 수도 있다고 한 것이지 익어야만 딸 수 있다는 의미로 표현한 것은 아니다.

주제 파악하기

4 엄마는 아이에게 돈을 건네면서 별은 하늘에 있어야 빛이 나지 땅에 내려오는 순간 빛을 잃고 시들어 버린다는 것을 알려 주었다. 이를 통해 말하는 이는 가지려고 애쓰기보다 그 자리에 두고 보아야 가치 있는 것이 있다는 것을 말하고 있다.

감상하기

5 이 시에서 엄마는 별을 가지려고 욕심을 부리기보다는 그 자리에 두고 보아야 가치가 있다는 것을 아이에게 알려 주었다. 따라서 가치 있는 문화유산을 내 손에 넣을 수 있도록 최선을 다해 노력하는 태도가 필요하다는 예슬이의 말이 알맞지 않다.

- '한돌 ➡ 시에서 '별'은 사람들이 갖고 싶어 하는 대상으로, 보기의 소중한 '문화유산'과 빗대어 생각할 수 있다.
- '준우 ➡ 시에서 엄마는 하늘에 저렇게 별이 많은 건 사람들이 참았기 때문이라고 하였다.
보기에서 국립 중앙 박물관이 기증관에 많은 문화유산을 내 것으로 기증자들의 행동은 이 시의 가지러는 욕심을 버린 기증자들이 있었기 때문이다. 이와 같은 기증자들의 행동은 이 시에서 별을 따지 않고 있어야 할 자리에서 더 빛을 낼 수 있도록 냅두 한 사람들의 행동에 빗대어 생각될 수 있다.

6 예시 답안 이 시의 '별'은 사람들이 간접히 갖고 싶어 해서 가지면 빛을 잃고 시들어 버리기 때문에 욕심을 부리지 말고 그 자리에 두고 보아야 하는 대상을 표현한 것이다. 반면 속담에 쓰인 '별'은 얻거나 이루기가 매우 어려운 대상을 표현한 것이다.

😄	이 시와 속담에 쓰인 '별'의 함축적 의미를 알맞게 비교하여 썼습니다.
🙂	이 시와 속담에 쓰인 '별'의 함축적 의미 중 한 가지만 알맞게 파악하여 썼습니다.
🙁	이 시와 속담에 쓰인 '별'의 함축적 의미를 알맞게 파악하여 쓰지 못했습니다.

02

글의 설명 방법 - 분류와 분석

설명 대상에 ○
본문의 설명 방법을 사용한 문단에
본석의 설명 방법을 사용한 문단에 [ ]

3회독 ★ 내가 표시한 내용과 예시 답을 비교하며 읽어 보세요.

불감

① 불감이란 불상을 모시기 위해 일반적인 건축물보다 작은 규모로 만든 불당이다. 즉, 불상을 모신 전각을 죽소하여 정교하게 만든 것이다. 따라서 불감은 제작 당시의 불상에 대한 정보뿐만 아니라 건축 양식에 대해서도 알 수 있는 중요한 문화유산이다. 불감은 아주 작게 만들어져서 스님이 이동하면서 불공을 드릴 때 사용하거나, 실내를 장식하는 데에 쓰였다.

▲ 불감은 일반적인 건축물보다 작은 규모로 만든 불당으로, 불상을 모신 전각을 죽소하여 정교하게 만든 것이다.

② 불감은 원통형, 팔각형, 불전 죽소형 등 여러 형태를 가진다. 먼저 순천 송광사 목조삼존불감은 여닫이로 문을 닫으면 원통이 되는 형태로 원통형이며, 부산 범어사 목조관음보살감은 이름에서 나타나는 것처럼 기본 형태가 팔각형이다. 구례 천은사 금동불감은 불전을 그대로 죽소한 불전 죽소형이라고 할 수 있다. 또한 불감은 제료도 나누어 설명할 수 있는데, 순천 송광사 목조삼존불감과 부산 범어사 목조관음보살감은 나무로, 구례 천은사 금동불감은 금동으로 되어 있다. 불감은 이동할 수 있도록 작은 규모로 만드는 것이 보통이나 돌로 만든 화순 운주사 석조불감은 이동이 목적보다는 건물 밖에 불상을 모신 감실이 대표적인 예이다.

▲ 불감은 원통형, 팔각형, 불전 죽소형 등 여러 형태가 있고, 나무, 금동, 돌 등 다양한 제료로 만들었다.

③ 위의 불감들 중 순천 송광사 목조삼존불감 은 통일 신라 말에서 고려 시대 초기에 만들어진 것으로 짐작된다. [순천 송광사 목조삼존불감의 전체 높이는 13cm, 양쪽의 문을 다 열었을 때의 너비는 17cm이다. 가운데 방을 중심으로 양쪽의 문을 열었다 닫았다 할 수 있는 구조로 되어 있어 세 부분으로 나뉜다. 문을 닫으면 앞부분은 둥근 기둥 모양이 된다. 가운데 큰 공간에는 연꽃무늬가 새겨진 대좌 위에 석가모니가 앉아 있다. 석가모니는 왼손으로 무릎 위에 놓고서 법의를 잡고 있고 오른손을 어깨높이로 들고 있는 자세를 하고 있다. 오른쪽 방에는 실천을 통해 깨달음을 나타낸다는 보현보살이 코끼리가 새겨진 대좌 위에 모셔져 있다. 왼쪽 방에는 지혜를 상징하는 문수보살이 연꽃 가지를 들고 사자가 새겨진 대좌 위에 서 있다.]

▲ 순천 송광사 목조삼존불감은 전체 높이가 13cm, 너비는 17cm이고, 세 부분으로 나뉘어 가운데 방을 중심으로 양쪽의 문을 열었다 닫았다 할 수 있는 구조로 되어 있다.

④ 순천 송광사 목조삼존불감은 크기는 작지만 독립적인 형태를 가진 것으로, 정교하고 뛰어난 조각 기술을 자랑하는 국내에 남아 있는 몇 안 되는 불감이다. 또한 세부 장식과 얼굴 표현 등에서는 인도의 영향을 받은 듯 이국적인 면이 보이고, 불감의 양식이나 구조에서는 중국 당나라의 특징을 발견할 수 있다. 이처럼 다양한 국가의 영향을 받은 불감은 매우 희귀한 예로 그 가치가 높다.

▲ 순천 송광사 목조삼존불감은 정교하고 뛰어난 조각 기술과 이국적인 특징을 가지고 있는 매우 희귀한 예로 그 가치가 높다.

구조 읽기

1 불감 **2** 형태 **3** 제료

★ 새로 알게 된 낱말이나 어려운 낱말을 써 보세요.

20~21쪽

1 (1) 붙감 (2) 순천 송광사 목조삼존불감   **2** ⑤   **3** (1) ② (2) ①
4 (1) 형태, 재료 (2) 크기, 구조   **5** 서연   **6** 예시 답안 참고

설명 대상 파악하기
1 (1) **1**, **2** 문단에서는 붙감의 정의, 형태, 재료 등을 설명하고 있다.
(2) **3**, **4** 문단에서는 순천 송광사 목조삼존불감의 크기와 구조 및 가치에
대해 자세히 설명하고 있다.

세부 내용 파악하기
2 **3** 문단에서 순천 송광사 목조삼존불감의 가운데 큰 공간에는 석가모니가
앉아 있고, 오른쪽 방에는 보현보살이, 왼쪽 방에는 문수보살이 있음을 알
수 있다.
① → **1** 문단을 보면 붙감은 일반적인 건축물보다 작은 규모로 만든 불당이다.
② → **2** 문단을 보면 화순 운주사 석조불감은 이동이 목적보다는 건물 밖에 불상을 모신 감
실의 대표적인 예이다.
③ → **2** 문단을 보면 붙감은 원통형, 팔각형, 불전 축소형 등 다양한 형태로 나무, 금동, 돌
등 다양한 재료로 만들어졌다.
④ → **4** 문단을 보면 인도와 중국 당나라의 영향을 받은 순천 송광사 목조삼존불감은 매우
희귀한 예라고 하였다.

설명 방법 파악하기
3 (1) **2** 문단에서는 붙감의 종류를 형태와 재료를 기준으로 분류하여 설명하
였다.
(2) **3** 문단에서는 순천 송광사 목조삼존불감이 만들어진 시대와 크기, 구조
등에 대해 자세하게 분석하여 설명하였다.

분류 기준과 분석 내용 파악하기
4 (1) **2** 문단에서 붙감을 형태에 따라 원통형, 팔각형, 불전 축소형으로 나누
고, 재료에 따라 나무, 금동, 돌로 나누어 분류하였다.
(2) **3** 문단에서 순천 송광사 목조삼존불감의 크기(전체 높이는 13cm, 양쪽
이 모음 다 열었을 때의 너비는 17cm)와 세 부분으로 나누는 구조를 분
석하여 설명하였다.

설명 방법 적용하기
5 분류는 여러 가지 대상을 일정한 기준에 따라 종류별로 나누어 설명하는
방법이다. 분류의 방법으로 붙상을 자세, 재료에 따라 나누어 설명하려는
서연이가 설명 방법을 알맞게 선택하였다.

• '한들' 다양한 탈춤 '지역'이라는 일정한 기준에 따라 종류별로 나누어 소개하려면 분류
의 설명 방법을 사용하는 것이 알맞다.

6 예시 답안 국가유산은 문화유산, 자연유산, 무형유산으로 나눌 수 있다. 문
화유산은 우리 역사와 전통에서 비롯된 유형의 문화적 유산으로 건축도의
서적도와 수원 화성이 이에 속한다. 자연유산은 자연물이나 자연환경과의
상호 작용으로 만들어진 것으로 구암나무가 이에 속한다. 무형유
산은 여러 세대에 걸쳐 내려오며 만들어진 무형의 문화적 유산으로 판소리
와 갓 만드는 법이 이에 속한다.

국가유산을 분류하는 방법에 따라 **보기**의 국가유산을 알맞게 분류하여 설명했습니다.	:D
국가유산을 분류하는 방법은 설명하였으나, **보기**의 국가유산을 알맞게 분류하지 못했습니다.	:)
국가유산을 분류하는 방법을 설명하지 못하고, **보기**의 국가유산도 알맞게 분류하지 못했습니다.	:(

3회독 ✦ 내가 표시한 내용과 예시 답을 비교하며 읽어 보세요.

03
함성어와 파생어

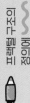

- 중심 글감에 ○
- 프랙털 구조의 정의에 〰
- 프랙털 구조의 특징을 설명한 부분에 [ ]

자연의 정교한 디자인 '프랙털'

나무뿌리를 자세히 관찰한 경험이 있는가? 여러 개의 선이 아무렇게나 쭉쭉 뻗어 있는 것 같지만, 자세히 살펴보면 뿌리들이 서로 연결된 모습이 비슷한 형태로 반복되고 있다는 것을 알 수 있다. 또한 뿌리 일부분을 확대한 모습과 뿌리의 전체적인 모습이 비슷하다는 것도 발견할 수 있다. 이런 형태는 물줄기, 나뭇가지가 뻗은 모습, 번개불에서 번개가 칠 때의 모습 등 자연 속에서 다양하게 찾아볼 수 있다. 심지어 우리 몸속 핏줄에도 큰 핏줄이 계속해서 작은 핏줄으로 나뉘어 가는 구조로 되어 있는데, 이들은 전체와 닮은 모습을 하고 있다.

▲ 자연 곳곳에는 부분이 전체와 닮은 모습을 한 예가 많다.

위의 예시와 같이 작은 구조가 반복되어 전체를 이루는 것을 〰프랙털(fractal) 구조〰라고 한다. [프랙털 구조는 '자기 유사성'과 '순환성'을 특징으로 한다. '자기 유사성'은 부분이 전체를 닮았다는 뜻으로, 어떤 부분을 보더라도 전체와 비슷한 모양을 하고 있는 성질이다. 또 '순환성'은 이런 자기 유사성이 계속 반복되는 것을 뜻한다. 프랙털 구조에서는 모든 부분이 전체의 형태를 닮은 구조를 반복하여 모양을 만들기 때문에, 어떤 부분이나 전체의 모습을 관찰할 수 있다.] 우리 눈에는 무실서해 보였지만, 자연 곳곳에는 프랙털 구조가 숨어 있었던 것이다. 이와 같이 자연의 근본적인 구조에 대한 이해를 바탕으로 자연의 특징을 더 깊이 이해할 수 있다.

▲ 프랙털 구조는 작은 구조가 반복되어 전체를 이루는 것으로, '자기 유사성'과 '순환성'을 특징으로 한다.

프랙털 구조는 우연히 만들어진 것이 아니다. 예를 들어 인간의 폐 속 구조를 생각해 보자. 폐가 최대한 많은 산소를 효율적으로 흡수하기 위해서는 최대한 많은 표면이 있어야 한다. 따라서 폐에서 큰 혈관은 아주 얇은 실핏줄이 될 때까지 계속해서 프랙털 구조를 반복하며 뻗어 나간다. 이 구조 덕분에 폐는 한 번의 호흡으로도 충분한 양의 산소를 공급할 수 있다. 흘째가기 흐르는 개울도 마찬가지다. 물은 최대한 돌아가지 않아도 되는 최적의 길을 찾아 흘러가고, 그것이 물줄기의 모양이 된다. 번개가 칠 때도 공기 중 저항이 가장 적은 곳으로 전자가 흘러간다. 이처럼 [자연에서 효율성을 극대화하는 과정에 프랙털 구조가 나타나는 것이다.]

▲ 프랙털 구조는 우연히 만들어진 것이 아니고, 자연에서 효율성을 극대화하는 과정에 나타나는 것이다.

현대 사회에서는 이런 프랙털 구조를 다양한 분야에서 응용하여 활용한다. 과학 분야에서는 날씨, 생태학, 지질학, 의학 등에서 복잡한 현상을 하나의 모델로 만들고 이해하는 데 사용한다. 예를 들어 프랙털 구조를 통해 구름의 가장자리와 내부 구조를 파악하거나, 생태계의 복잡성을 분석하고, 신과 제규 등의 지질 구조와 지진 패턴을 분석한다. 의학에서는 신장, 혈관, 세포의 성장 등을 연구한다. 또한 경제학 분야에서는 주식 시장의 복잡한 동향을 분석하고 불안정하게 변화하는 금융 시스템을 예측하는 데 프랙털 분석을 활용한다. 심지어 예술과 디자인 분야에서도 아름다운 형태와 패턴을 창조하기 위해 프랙털 구조가 다양하게 활용된다.

▲ 과학 분야, 경제학 분야, 예술과 디자인 분야 등 현대 사회의 다양한 분야에서 프랙털 구조를 응용하여 활용한다.

✦ 새로 알게 된 낱말이나 어려운 낱말을 써 보세요.

구조 읽기

1 자연 2 프랙털 3 효율성

1 ③　**2** ①　**3** ①　**4** (2)○　**5** 지안　**6** (1)○

7 예시 답안 참고

세부 내용 파악하기

1 프래털 구조라는 용어를 처음 사용한 사람에 대한 내용은 이 글에 나타나 있지 않다.

　① ➜ 프래털 구조는 자기 유사성과 순환성을 특징으로 한다.

　② ➜ 프래털 구조를 응용하여 활용하는 분야는 과학 분야, 경제학 분야, 예술과 디자인 분야 등이다.

　④ ➜ 자연에서 찾아볼 수 있는 프래털 구조의 예로 나무뿌리, 물줄기, 나뭇가지, 번개가 칠 때의 모습 등을 들고 있다.

　⑤ ➜ 인간의 몸속 핏줄이나 폐에서 프래털 구조의 예를 찾아볼 수 있다.

세부 내용 파악하기

2 3문단에서 폐와 공짜기의 물줄기를 예로 들어 프래털 구조가 우연히 만들어진 것이 아니라, 자연에서 효율성을 극대화하는 과정에 나타나는 것임을 설명하였다.

함성어와 파생어 알기

3 '나무뿌리'는 어근 '나무'와 어근 '뿌리'가 결합한 합성어로, '땅속에 묻혀 어진 것이 아니라, 자연에서 나무의 뿌리.'라는 뜻이다.

　영양분을 빨아올리는 나무의 뿌리.'라는 뜻이다.

　'모습', '번개', '깨운'은 하나의 어근으로 이루어진 단일어이다.

　'잔뿌리는 접사 '잔-'과 어근 '뿌리'가 결합한 파생어이고, 잔-'은 '가늘고 작은' 또는 '자잘구'

　레한'의 뜻을 더하는 접사이다.

함성어와 파생어 알기

4 (2) '박구름'은 '박-(접사)+구름(어근)'으로 된 파생어이다.

　(1) '물줄기'는 '물(어근)+줄기(어근)'로 된 합성어이고, (3) '하나'는 하나의 어근으로 이루어진 단일어이다.

적용하기

5 프래털의 구조는 부분이 전체와 닮은 것을 말한다. 지안이가 말한 황금 비율은 프래털 구조와 관계가 없다.

　솜인이가 말한 고사리 없이 모양과 준우가 말한 해안선의 모습이 작은 구조가 반복되어 전체를 이루는 프래털 구조이다.

적용하기

6 (1)의 그림이 디자인 분야에서 볼 수 있는 프래털 구조의 패턴이다.

　(2)는 검은색 부분은 두 사람의 얼굴로 보이고, 흰색 부분은 잔으로 보이는, 착시 현상을 이용한 그림이다.

7 예시 답안　날씨를 예측할 때도 프래털 구조가 사용된다는 것을 처음 알았다. 구름이 가장자리와 내부 구조를 파악해 날씨를 예측할 수 있다는 것이 놀랍고 신기했다. 작은 구름 입자들이 모여 큰 구름을 형성하는데, 작은 구름들이 전체 구름의 구조와 비슷한 형태를 가지고 있어서 이 구조를 이해하면 비가 오는 형태나 양, 경로 등을 예측할 수 있다고 한다.

^_^	프래털 구조에 대해 새로 알게 된 내용을 바탕으로, 그에 대한 생각이나 느낌이 잘 드러나게 썼습니다.
:-)	프래털 구조에 대해 새로 알게 된 내용을 썼으나, 그에 대한 생각이나 느낌은 정 확하게 드러나지 않았습니다.
:-(	프래털 구조에 대해 새로 알게 된 내용과 그에 대한 생각이나 느낌을 알맞게 쓰 지 못했습니다.

04

이야기에 반영된 사회·문화적 상황

★ 새로 알게 된 낱말이나 어려운 낱말을 써 보세요.

인물의 겉모습을 알 수 있는 부분에 ○

시대적 배경을 알 수 있는 부분에 〰

인물이 한 말에 [ ]

3 회독 ★ 내가 표시한 내용과 예시 답을 비교하며 읽어 보세요.

1948년 1월, 남산 스케이장

오후가 되자, 선수와 심판들이 농담 반 진담 반으로 '남산 스키장'이라고 부르는 남산 꼭대기에 구경꾼들이 구름처럼 몰려들었다. 정식 스키 대회가 아니었지만 서울 시내 한복판인 데다가 별다른 구경거리가 없었던 탓이다. 눈이 제법 내리던, 히준은 흥날리는 눈을 가르며 아침 일찍 이곳에 올라왔다. 학창 시절 서울로 수학여행을 왔다가 여기까지 올라오느라 다리가 아파서 죽을 뻔했다는 다른 선수의 얘기를 들었다.

▲ 히준은 흥날리는 눈을 가르며 이침 일찍 남산 스키장에 올라왔다.

경기가 시작되고 선수들이 순서대로 출발했다. 자신의 순서가 다가오자 히준은 스키복으로 입고 있던 (미군 점퍼의 지퍼를 채우고, 털양말을 바짝 올려 신었다. 까무잡잡한 피부에 죽 처진 눈매를 가진 그가 크게 숨을 들이마시고 멈추고 _{히준이 입은 옷: 시대 배경을 알 수 있는 부분} 속으로 중얼거렸지만 호흡이 가빠오는 걸 막을 수는 없었다. 히준은 고향인 청진에서 처음 스키를 접한 이후, 그 속도감에 매료되었다. 3년 전, 태평양전쟁에서 일본이 패배하면서 광복이 불현듯 찾아왔다. 하지만 여섯석으로 광복으로 인해 38선이 생기고 북쪽이 소련군이 진주하면서 그는 가족과 함께 고향을 떠나야만 했다. (중략)

▲ 경기가 시작되고 자신의 순서가 다가오자 히준은 긴장감에 몸을 떨었다.

스틱을 움켜쥔 그는 아래로 내달렸고, 몇 년 전까지 사람들이 경건한 마음으로 올라왔던 조선신궁의 계단은 이제 스키 대회를 위한 슬로프로 바뀐 상태였다. 그는 심호흡을 하며 아래를 내려다보다가 중얼거렸다.

"이야! 엄청나게 몰려왔네."

빈 지게를 짊어지고 구멍이 숭숭 뚫린 숨바지를 입은 막일꾼부터 남바위에 갓을 쓴 노인까지 보였다. 아래쪽은 물론 슬로프 양쪽으로도 구경꾼들이 늘어서 있었다. 일제 강점기부터 20년 넘게 보급되어 아직 대다수의 사람들에게 스

기는 낯선 운동이었기 때문이다. 히준은 이제 슬로프를 내려다보며 자세를 취하자, 심판이 노란색 깃발을 허두르며 외쳤다. / "출발!"

▲ 히준은 슬로프를 내려다보며 자세를 취했고, 심판은 "출발!"을 외쳤다.

[순간, 히준은 앞으로 크게 몸을 던지며 바짝 몸을 낮추었다. 몸을 최대한 구부려 _{히준이 한 말: 스키 경기에 선수들 참여하여 앞추어야 유리함.} 야 바람의 저항을 덜 받아서 수도가 더 나기 때문이었다. 바람을 가르며 만든 점퍼에서 파르르거리는 소리가 났다. 양옆에서 구경꾼들이 지르는 소리가 메아리처럼 울리는 가운데 수도가 점점 빨라졌다. 그가 스키에 매료되었던 바로 그 순간처럼 세상이 사라지고, 오로지 자신과 바람만이 존재하는 순간에 찾아온 것 이다. / "우와!"

▲ 히준은 바람을 가르며 출발했고, 수도는 점점 빨라져 오로지 자신과 바람만이 존재하는 순간이 찾아왔다.

조선신궁의 계단은 지금은 서울역으로 이름이 바뀐 경성역 맞은편에서 시작해 서 380여 개나 되었다. 따라서 그곳을 활강하려면 엄청난 수도가 붙었다. 중간중 간 붙이 된 계단참에서는 점프도 할 수 있었다. 스키가 서걱거리며 눈을 베는 소리가 들리는 가운데 계단참에 도착한 히준은 살짝 점프했다. 수도가 중력을 이기는 바로 그 순간이 너무나 좋았다. 이때만으로 청진에서 온 촌놈이라는 손가락질을 받지 않아도 되었다. 살짝 떴던 몸이 균형을 잡은 그는 마지막까지 안주하는 데 성공했다. 수많은 사람들의 박수를 받으며 쌓여 있는 눈더미 앞에서 멈춘 히준은 하늘을 향해 소리를 질렀다. / "안주했다! 끝까지 내려왔다고!"

▲ 계단참에 도착한 히준은 살짝 점프했고 약간 비틀거렸지만, 마지막까지 안주하는 데 성공했다.

독해 인증!

1 이침   2 남산   3 히준   4 안주

---

1 (1)○ **2** ②, ④ **3** (1)광복 (2)38선 **4** (1)② (2)①
5 승민 **6** 예시 답안 참고

중심 사건 파악하기

1 이 이야기에서 '희준'은 남산 스키장에서 열리는 스키 경기에 선수로 참가했다.

(2) → '희준'이 참가한 남산 스키장에서 열린 경기는 정식 스키 대회가 아니라고 하였다.

(3) → 학창 시절 서울로 수학여행을 왔다가 남산 꼭대기까지 올라오느라 다리가 아파서 죽을 뻔했다는 다른 선수의 얘기를 들었다고 하였다.

세부 내용 파악하기

2 가루같이 잘고 뽀얀 피부에 죽 처진 눈매를 가진 '희준'은 스키복으로 미군 점퍼를 입고, 털양말을 바짝 올려 신고 스키 경기에 참가했다.

① → 아침 일찍 남산 스키장에 도착했다.

③ → 자신의 순서가 다가오자 긴장감에 몸을 떨었다.

⑤ → 광복으로 인해 가족과 함께 고향을 떠나야만 했다.

시대적 배경 알기

3 (1) 3년 전, 태평양전쟁에서 일본이 패배하면서 광복이 봄처럼 찾아왔다고 하였다.

(2) 광복으로 인해 38선이 생기고 북쪽에 소련군이 진주하면서 그는 가족과 함께 고향을 떠나야만 했다고 하였다.

사회·문화적 상황 알기

4 (1) ㉠'미군 점퍼'는 남한에 미군이 주둔하면서 들어온 군수 물자 중 하나이다.

(2) ㉡'조선신궁'은 일본이 일제 강점기에 조선에 세운 신사이다.

추론하기

5 조선신궁은 일제 강점기에 서울 남산에 세운 신사로, 중독부가 신궁 참배를 강요하였다고 설명하고 있다. 이러한 사회·문화적 상황을 바탕으로 실제 존재했던 장소를 소설 속 배경으로 한 것이다. 그래서 인물의 심정에 공감하고 이야기를 실감 나게 느낄 수 있었다는 승민이의 말이 내용을 알맞게 이해한 것이다.

6 예시 답안

1948년에도 우리나라에서 스키 경기가 열렸다는 것이 신기했다. 지금은 사라진 조선신궁의 계단이나 습곡포였고, 제대로 된 장비도 없이 미군 점퍼에 털양말이 다였다는 것이 지금과 큰 차이가 있다. 하지만 스키 경기에 대한 사람들의 관심과 선수의 긴장감은 비슷한 것 같다.

>:D	이 글의 시대적 배경과 지금 시대의 모습을 알맞게 비교하여 비슷한 점과 다른 점을 모두 떠올려 썼습니다.
:)	이 글의 시대적 배경과 지금 시대의 모습을 비교하여 비슷한 점이나 다른 점 중 한 가지만 알맞게 떠올려 썼습니다.
:(	이 글의 시대적 배경과 지금 시대의 모습을 알맞게 비교하여 쓰지 못했습니다.

05

광고 읽는 방법

3회독 ✦ 내가 표시한 내용과 예시 답을 비교하며 읽어 보세요.

가 키크게 영양제

광고 읽는 방법

- 광고 대상에 ◯
- 광고 대상에 대해 읽게 된 정보에 〜〜〜
- 과장이나 거짓 광고에 해당하는 부분에 [ ]

✦ 새로 알게 된 낱말이나 어려운 낱말을 써 보세요.

나 전국대학교

전국대학교에서 당신의 꿈을 현실로 바꾸세요!

- **최대 규모의 캠퍼스** 와 미래 지향적 전공 학과를 [가장 넓이 보유한] 대학.
- 즐거운 학교생활을 보장하는 참여형 동아리 33개
- 모든 학생에게 주어지는 해외 교류 대학 교류 프로그램 참여
- [우리 대학과 함께라면 취업과 창업 무조건 성공!]

▲ 전국대학교의 포스터 광고: 사람들에게 전국대학교를 알리고 전국대학교에 오도록 설득함.

어휘 읽기

1 영양제 2 대학교

문단길 당신의 꿈이 이루어지는 공간 **전국대학교**

✦ 답 해설

1 (1) 키 (2) 꿈 **2** ① **3** ④ **4** (1) 100% (2) 무조건 **5** 예술

6 예시 답안 참고

중심 내용 알기

1 광고 **가**는 먹으면 키가 더 클 수 있다는 키크게 영양제 광고이고, 광고 **나**는 꿈을 현실로 바꾸어 준다는 전국대학교 광고이다.

세부 내용 파악하기

2 광고 **가**에서 키크게 영양제에는 칼슘, 비타민 등 좋은 성분이 가득하다는 문구가 나와 있다.

② 광고 **가**에서 키크게 영양제가 과학적으로 입증되었다고 했지만, 모든 과학자들이 인정한 상품이라는 내용은 나와 있지 않다.

③ 광고 **나**에서 참여형 동아리가 33개 있다고 소개하였고, 꼭 가입해야 한다는 내용은 담고 있지 않다.

④ 광고 **나**에서 전국대학교 캠퍼스가 어떤 기준으로 최대 규모인지 밝히지 않았다.

⑤ 광고 **나**에서 해외 교류 프로그램에 참여 기회가 모든 학생에게 주어진다고 한 것이지, 모든 학생이 참여해야 한다는 것은 아니다.

광고의 특징 알기

3 광고에는 과장하거나 감추는 내용이 있을 수 있기 때문에 광고에 드러난 정보를 모두 믿기보다는 비판적인 시각으로 읽어야 한다.

과장 광고 읽기

4 과장 광고는 '무조건', '절대로', '100퍼센트' 같은 표현으로 소비자의 판단력을 흐린다. 광고 **가**에서 '실험 참여 어린이 100% 성장', 광고 **나**에서 '우리 대학과 함께라면 취업과 창업 성공은 무조건 성공'이라는 과장된 표현을 사용하였다.

비판하기

5 '무조건' 취업과 창업에 성공할 수 있다는 광고는 비판적인 시각으로 읽어야 한다. 예솔이의 말처럼 광고 **가**를 믿고 전국대학교에 입학할 방법을 알아보아서는 안 되고, 전국대학교의 취업률이나 창업률 등의 정확한 자료를 확인해 보아야 한다.

솔이이와 서연이처럼 광고 **가**에 나타난 정보를 바탕으로 키크게 영양제가 과학적으로 입증되었거나 광고 **가**에 나온 성분이 키크게 영양제에 칼슘과 비타민 외에 어떤 좋은 성분이 더 들어 있는지 알아볼 수 있다.

6 예시 답안 (1) 일상에서의 작은 행동도 발명이 될 수 있다.

(2) 발명은 거창한 것이 아니라 일상에서 좀 더 편리하기 위해, 시간을 절약하기 위해 떠올리는 작은 아이디어도 모두 발명이라고 볼 수 있기 때문이다. 영단어를 10번 써 보라는 문제를 연필 세 개를 쥐고 쓰는 것도 발명이라는 것을 사진으로 보여 주면서, 이처럼 일상에서의 작은 행동을 통해서도 누구나 발명가가 될 수 있다는 것을 근거로 강조하였다.

	공익 광고를 통해 전하고자 하는 생각과 그렇게 생각한 까닭을 잘 파악하여 썼습니다.
😊	공익 광고를 통해 전하고자 하는 생각은 잘 파악하여 썼으나, 그렇게 생각한 까닭을 양맞은 문장으로 쓰지 못했습니다.
😞	공익 광고의 내용을 알맞게 파악하지 못했습니다.

06

시의 심상

- 중심 글감에 ◯
- 심상이 나타난 부분에 〰
- 글쓴이의 마음이 나타난 부분에 [ ]

가 천둥 치는 밤

1연

하늘이 두 쪽으로
째~ㄱ
  시각적 심상: 하늘이 대번에 크게 쪼개지는 모습.
  의
  ㅣ.
갈라지는가 싶더니
이내 붙으며
쩌르르릉
  청각적 심상: 천둥이 치는 소리.
집이 울었다

▲ 번개가 번쩍하며 하늘을 두 쪽으로 가르더니 천둥이 쳤다.

2연

(번개에 천둥에 바람에 비에
전기까지 나간 밤)
  중심 글감

▲ 천둥번개가 치고 비바람이 부는데 전기까지 나갔다.

3연

[땅에 젖은 두 손 모아 쥐고
  촉각적 심상: 축축한 느낌.
방 안 가득 촛불 띄우며,
안 그럴게요 안 그럴게요
용서를 빈다] 무서운 마음
캔 새벽

▲ 너무 무서워서 안 그럴게요 용서를 빈다 잠이 들었고 새벽에 깼다.

4연

마당에는
밤새 죄를 대신 갚아 준 것 같은 나뭇잎들이
  시각적 심상: 바닥에 남자남자 붙어 있는 나뭇잎들.
바닥에 남작남작 앉아 있었다

▲ 비바람에 떨어져 바닥에 남작남작 붙어 있는 나뭇잎들이 밤새 죄를 대신 갚아 준 것 같다.

나 어리고 성긴 매화

초장 어리고 성긴 매화(梅花) [너를 믿지 않았더니] 기대하지 않은 마음
  시각적 심상: 하늘에 매화 꽃송이가 크게 피어 있는 모습.

▲ 매화나무가 어리고 성성해 보잘것없어 보여 꽃을 피울 것이라고 기대조차 하지 않았다.

중장 눈 기약 능히 지켜 두세 송이 피었구나.

▲ 그런데도 눈과의 약속을 제대로 지켜서 두세 송이 꽃이 피었구나
하다.

종장 [촉 잡고 가까이 사랑할 제 암향 부동하더라.] 은은한 향기를 지닌 매화를 좋아한
  촉각적 심상: 은은한 향기가 풍김.   선비의 마음

▲ 캄캄한 밤에 촛불을 들고 매화나무에 가까이 다가가서 매화 꽃을 사랑하듯 보고 있으
니 은은한 향기가 풍긴다.

독해 원리

1 번개 2 용서 3 꽃

✦ 새로 알게 된 낱말이나
어려운 낱말을 써 보세요.

1 ⑤ **2** ⑤ **3** (1)② (2)① (3)③ **4** 지안

5 예시답안 참고

시의 내용 이해하기

1 시 ㉮에서 말하는 이는 밤새 몰아친 비바람에 바닥에 떨어진 나뭇잎을 보고 애잿밤 천둥소리에 놀라 두 손 모아 쥐고 조를 떨음리며 용서를 빌던 자신의 모습을 떠올렸다. 바닥에 남자남자 엎디어 있는 나뭇잎들이 밤새 비바람을 겪으며 죄를 대신 갚아 준 것 같다고 표현한 것이다.

글쓴이의 마음 읽기

2 시 ㉯의 글쓴이는 매화나무가 어리고 영성해 꽃을 피우리라고 기대하지 않았다. 그런데도 눈 속에서 송이 송이 꽃을 피운 매화나무를 대견하게 여기고 있다.

심상 파악하기

3 (1) 시 ㉮의 '쩌르릉 / 집이 울었다'에서는 천둥이 쳐 진 상황을 표현한 것이므로 귀로 소리를 듣는 듯한 느낌을 받을 수 있다.

(2) 시 ㉮의 '땀에 젖은 두 손 모아 쥐고'에서는 두 손에 땀이 나서 죽죽한 상황을 표현한 것이므로 피부로 닿는 듯한 느낌을 받을 수 있다.

(3) 시 ㉯의 '암향 부동하더라.(은은한 향기가 풍기는구나.)'에서는 매화의 은은한 향기가 풍겨 오는 모습을 표현한 것이므로 코로 냄새를 맡는 듯한 느낌을 받을 수 있다.

추론하기

4 시 ㉮, 시 ㉯의 글쓴이도 사군자 중 하나인 매화를 좋아한 선비일 것이라고 추론하는 것이 알맞다.

• '준우→시 ㉮'의 글쓴이는 매화의 은은한 향기를 좋아하고 있다.
• '민들→보기'에서 매화는 꼿꼿한 선비의 지조와 절개를 뜻한다는 것을 알 수 있다. 그러나 이러한 매화의 성질과 의미를 통해 글쓴이한테 큰 어려움이 닥쳤다는 것을 짐작하기는 어렵다.

> 사군자를 주제로 선비들은 그림을 그리고, 시를 쓰며 을 즐겼다는 내용으로 보아, 시, 시 ㉯의 글쓴이도 사군자 중 하나인 매화를 좋아한 선비일 것이라고 추론하는 것이 알맞다.

5 예시답안 '쩍'이라는 낱말을 '쩌익'이라고 늘이면서 한 행에 붙여 쓰지 않고 행을 나누어 썼다. 그냥 '쩍'이라고 한 번에 얼음 때보다 행을 나누어 전천이 읽으니 하늘이 두 쪽으로 갈라지는 그 순간이 실제 보이는 것같이 더 생생하게 느껴졌다. 그리고 갈라졌던 하늘이 이내 붙으며 '쩌르르릉 집이 울었다'라는 표현도 의인법을 사용하여 집이 울릴 정도로 천둥소리가 크게 들렸다는 것을 감각적으로 표현하였다.

(^D^)	심상, 표현상의 특징, 비유적 표현 등을 바르게 이해하고, 그 표현의 효과에 대한 생각이나 느낌을 알맞게 썼습니다.
(:|)	심상, 표현상의 특징, 비유적 표현 등을 바르게 이해하였으나, 그 표현의 효과에 대한 생각이나 느낌을 알맞게 쓰지 못했습니다.
(:()	심상, 표현상의 특징, 비유적 표현 등을 바르게 이해하여 쓰지 못했습니다.

07

설명하는 글의 객관성과 사실성

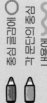

3회독 ★ 내가 표시한 내용과 예시 답을 비교하며 읽어 보세요.

혈당 관리의 중요성

1 혈액 속 포도당의 양을 뜻하는 (혈당)은 우리의 건강과 발달에 큰 영향을 미친다. 포도당은 우리가 섭취하는 음식물 중에서 특히 탄수화물에서 생성되는 당이다. 이는 우리 몸의 주요 에너지원이며, 뇌와 신경계의 기능을 유지하기 위한 가장 중요한 영양소이다. 음식을 섭취하면 혈당이 높아지며, 췌장에서 인슐린이라는 호르몬이 분비된다. 인슐린은 당이 체내 세포에 에너지로 사용될 수 있도록 하여 몸이 스스로 혈당을 낮출 수 있도록 돕는다.

▲ 혈당은 우리의 건강과 발달에 큰 영향을 미친다.

2 공복인 상태로 에너지를 많이 사용하는 운동을 하거나 평소 단 음식을 많이 섭취하면 인슐린이 과다 분비되어 혈당 수치가 급격히 떨어질 수 있다. 이때는 기운이 없다는 느낌이 들거나 심장 박동이 과도하게 빨라질 수 있고, 두통이나 어지럼증 등의 증상이 나타나며, 심한 경우 의식을 잃을 수도 있다.

▲ 혈당 수치가 급격히 떨어지면 건강상의 문제가 생긴다.

3 반면에 공복에도 혈당이 떨어지지 않는 경우가 있다. 이것은 잘못된 생활 습관으로 인해 췌장이나 인슐린의 기능에 문제가 생겼다는 뜻이다. 당이 제대로 흡수되지 않고 소변으로 모두 빠져나가면서 우리 몸은 에너지가 부족하다고 인식하고 극심한 피로감을 느끼게 된다. 그리고 고혈당 상태가 지속되면 많은 양의 합병증을 동반하는 당뇨병에 걸릴 가능성이 커진다. 따라서 건강을 위해서는 혈당이 일정 범위 내에서 유지되어야 한다.

▲ 고혈당이어도 건강에 문제가 생기므로 혈당은 일정 범위 내에서 유지되어야 한다.

4 식사를 한 뒤 2시간이 지났을 때 혈당을 측정하는데, 이 수치는 식사로 인해 상승한 혈당이 얼마나 잘 조절되는지 보여 준다. 혈당 수치가 안정적이라는 것은 세포가 혈당을 하는 데 필요한 에너지를 안정적으로 얻고 있다는 뜻이다. 하지만 스트레스를 받으면 혈당 수치의 변동이 심해진다. 그러면 세포가 더는 인슐린에 반응하지 않게 되고, 이로 인해 혈당 수치가 높아진다.

▲ 스트레스를 받으면 혈당 수치가 높아진다.

5 스트레스를 관리하는 방법 중의 하나인 신체 활동은 많은 에너지를 사용하기 때문에 적은 양의 인슐린으로도 혈당을 효과적으로 낮출 수 있다. 그리고 수면 역시 우리 몸이 스트레스 상태에서 균형을 되찾을 수 있게 도와주는 역할을 하므로, 충분한 수면을 통해 몸이 회복할 시간을 가져야 한다.

▲ 신체 활동과 충분한 수면으로 스트레스를 관리하고 혈당 수치를 낮출 수 있다.

6 무엇보다 혈당에 가장 큰 영향을 주는 것은 식단이다. [정해진 시간에 식사를 하면 과식을 줄일 수 있고 건강한 식습관을 유지하는 데에도 도움이 된다. 탄수화물, 단백질, 지방을 고르게 섭취해야 하며, 소화・흡수 속도를 늦추기 위해서 섬유질이 풍부한 통곡물을 섞어 먹는 것도 좋다. 그리고 과일 및 채소는 갈아서 먹는 것보다 썰어서 먹는 것 또한 혈당 관리에 도움이 된다. 양념이나 가공을 적게 한 재료들로 식단을 구성하여 첨가물을 덜 먹는 것 또한 혈당 관리에 도움이 된다. 식품 성분표에서 당류를 살펴보는 습관을 들여서 단 음식을 덜 먹도록 명심해야 한다.]

▲ 혈당 관리에 가장 큰 영향을 주는 것은 식단이다.

7 혈당 관리는 특정 연령대나 질환이 있는 사람들만이 아니라 모두의 건강을 위해 중요하다. 당장 할 수 있는 작은 습관부터 일상생활에 적용해 보면서, 자신에게 맞는 바람직한 생활 습관을 찾아 꾸준히 실천한다면 활기차고 건강한 삶을 누릴 수 있을 것이다.

▲ 건강을 위해서는 모두가 혈당 관리를 해야 한다.

★ 새로 알게 된 낱말이나 어려운 낱말을 써 보세요.

중심 글감에 ○
문단의 중심 내용에 ～
새로 알게 된 내용에 [ ]

낱말 익히기

1 혈당   2 당뇨병   3 수면   4 식단

1 (3)○　**2** ④　**3** (1)○　**4** ④　**5** 예술　**6** (3)○
7 예시 답안 참고

중심 내용 파악하기

1 이 글은 혈당의 뜻과 혈당이 일정 범위 내에서 유지되지 않을 때의 문제점, 혈당 관리 방법 등을 설명해 주면서 혈당 관리의 중요성을 강조하고 있다.

세부 내용 파악하기

2 **1**문단에 '포도당은 우리가 섭취하는 음식물 중에서 특히 탄수화물이 분해되어 생성되는 당이다.'라고 나와 있다.

① ➡ **1**문단에서 당은 우리 몸의 주요 에너지원이며, 뇌와 신경계의 기능을 유지하기 위한 중요한 영양소라고 하였다.

② ➡ **1**문단에서 음식을 섭취하여 혈당이 높아지면, 췌장에서 인슐린이라는 호르몬이 분비된다고 하였다.

③ ➡ **1**문단에서 인슐린은 당이 체내 세포에 에너지로 사용될 수 있도록 하여 몸이 스스로 혈당을 낮출 수 있도록 돕는다고 하였다.

⑤ ➡ **3**문단에서 당이 인슐린의 도움을 제대로 받지 못해 흡수되지 않고 소변으로 모두 빠져나가면서 우리 몸은 에너지가 부족하다고 인식하고 극심한 피로감을 느끼게 된다고 하였다.

설명 방법 알기

3 **1**문단에서는 정의의 설명 방법을 사용하여 혈당과 포도당의 뜻을 설명하고 있다.

(2) ➡ **3**문단에서는 왜 공복에도 혈당이 떨어지지 않는 경우가 생기는지 원인을 알려 주고, 고혈당 상태가 지속되면 당뇨병에 걸릴 가능성이 커진다는 것을 말하였다.

(3) ➡ **5**문단에서 스트레스 관리 방법으로 신체 활동과 충분한 수면을 예로 들었다.

객관성과 사실성 파악하기

4 주관적인 의견이나 감정이 들어간 자료도 설명하는 글에서 객관성과 사실성을 뒷받침하기에 알맞지 않다. 하루 동안 반드시 스트레스의 양과 종류는 사람마다 다르기 때문에 설명하는 글에 적합한 자료가 아니다.

적용하기

5 시간을 정하지 않고 불규칙한 시간에 식사를 하게 되면 배가 너무 고파서 과식을 하거나, 배가 고프지 않은데 식사를 해야 하는 상황이 생길 수 있다. 따라서 예슬이의 말이 내용을 잘못 이해한 것이다.

적용하기

6 곡물을 가루로 갈아서 가공하여 만든 빵이나 면은 곡물을 그대로 섭취한 때보다 혈당이 빠르게 상승한다. 소화·흡수 속도를 늦추기 위해서는 곡물을 그대로 익혀서 통곡물로 먹는 것이 좋다.

(1) ➡ 전통 양념이더라도 양념에는 당이 많으므로 조절하여 먹어야 한다.

(2) ➡ 혈당 관리를 위해서는 탄수화물, 지방, 단백질을 고르게 섭취해야 한다.

7 예시 답안 밖에 보리나 현미, 특히 콩이 들어 있으면 맛도 별로이고 씹는 느낌도 별로여서 그럴 때는 밥을 안 먹고 빵이나 다른 군것질을 했다. 그런 행동이 진강에 얼마나 안 좋은 것인지 알게 되었다. 앞으로는 혈당을 높이는 음식의 섭취를 줄이고, 잡곡밥을 꼭꼭 썰어 천천히 먹으면서 혈당 관리를 해야겠다.

>:D	자신의 평소 식습관과 혈당 관리를 위해 실천해야 할 일을 알맞게 썼습니다.
:)	자신의 평소 식습관은 잘 정리하였으나, 혈당 관리를 위해 실천해야 할 일을 알맞게 쓰지 못했습니다.
:(	자신의 평소 식습관과 혈당 관리를 위해 실천해야 할 일을 알맞게 쓰지 못했습니다.

08

관용 표현의 특징

중심 글에 ◯

관용 표현이
드러난 부분에 ◯

김연아 선수의
성격이 드러난
부분에 [ ]

★ 새로 알게 된 낱말이나
아래의 낱말을 써 보세요.

3 회독 ★ 내가 표시한 내용과 답을 비교하며 읽어 보세요.

피겨의 살아 있는 전설, 김연아

"처음부터 겁먹지 말자. 막상 가 보면 아무것도 아닌 게 세상에는 참으로 많다."

라는 (김연아 선수)의 말은 많은 이에게 용기를 준다. 18년이라는 긴 시간 동안 꾸준히 우승을 딴 김연아 선수는 피겨 스케이팅 100년 역사상 최초로 올포디움을 달성했다.

> 관용어: 한 가지 일에 몰두하여 끝까지 하다.

▲ 김연아 선수는 18년의 선수 생활 동안 올포디움을 달성했다.

스트레칭을 할 때 무슨 생각을 하느냐는 질문에 "무슨 생각을 해. 그냥 하는 거지."라는 김연아 선수의 간단명료한 대답은 그녀의 성격을 잘 드러내 준다. 실제로 본인도 [무덤덤한 성격]이 선수 생활에 도움이 되었다고 이야기한다. 피겨라는

> 김연아 선수의 성격

스포츠가 겉으로 보기에는 화려하고 극적으로 보여지만, 그 뒤에는 주어진 일상을 무덤덤하게 소화해 낸 김연아 선수의 숨은 노력이 있는 것이다.

▲ 김연아 선수의 무덤덤한 성격이 선수 생활에 도움이 되었다.

사람들은 경기 직전에 김연아 선수가 기도하는 모습을 보고, 우승하게 해 달라고 기도했을 것이라고 짐작했다. 하지만 김연아 선수는 '이 자리에 설 수 있게 해 주셔서 감사합니다.'라고 기도한다고 밝혔다. [결과와 상관없이 경기를 할 수 있다는 것에 언제까지 노력하는 성격

> 절대로 노력하는 김연아 선수]의 기도는 많은 이에게 울림을 주었다.

▲ 김연아 선수는 결과와 상관없이 경기를 할 수 있다는 것에 감사했다.

김연아 선수는 한국 선수 최초로 그랑프리 파이널에 출전해 17살의 나이로 1위를 달성하며 세계적인 주목을 받았다. 아주 김연아 선수는 올림픽에서도 큰 기대를 받았고, 경기를 마친 뒤 처음으로 눈물을 보였다. "올림픽 이전에 많은 경기를 했고 좋은 성적을 냈는데, 올림픽 한 번으로 모든 게 무너지지는 않을 것이다. 남들이 생각하는 근심은 아닐 거다. 그러나 늘 하던 대로 하는 세상이 다. 그리고 몇 등을 하는 세상이. 라고 마음을 다잡았지만, 사실 마음속에는 간절함이 컸기 때문에 자신도 모르게 눈물이 났다고 한다. 어린 나이에 전 세계의 주목을 받으며, 그 중압감을 이겨 낸 김연아 선수는 2010 밴

> 관용어: 완전히 자기 소유로 만들거나 자기 통제 아래에 두다.

쿠버 동계 올림픽에서 본인이 세웠던 최고 기록을 경신하며 금메달을 손안에 넣

는다. 이 세계 최고 기록은 영원히 바뀌지 않을 것이라는 해설을 통해 김연아 선수가 얼마나 대단한 기록을 세웠는지 실감할 수 있다.

▲ 김연아 선수는 그랑프리 파이널에서 세계적인 주목을 받은 뒤, 2010 밴쿠버 동계 올림픽에서 금메달을 땄다.

김연아 선수는 올림픽에 또다시 출전하는 것으로 피겨 스케이팅 선수로서 흔치 않은 도전을 했다. 선수 중 고령에 속했기 때문에 체력적으로도 벅찼고, 이미 높은 자리에 서 봤기 때문에 더 이상의 동기 부여가 없어서 준비 과정이 힘들었다고 한다. 버티는 것이 대단하다고 스스로 말할 정도로 어려운 상황에서 준비한 2014 소치 동계 올림픽에서도 김연아 선수는 완벽한 경기를 펼치며 유종의 미를 거두었다.

> 관용어: 어떤 일의 끝을 좋게 마무리하는 성과.

▲ 김연아 선수는 올림픽에 또다시 출전해 완벽한 경기를 펼치며 유종의 미를 거두었다.

김연아 선수는 은퇴할 때 "섭섭함은 없고 해방감만 있다. 그저 끝났다는 것이 행복하다."라고 이야기했다. 숨이 안 쉬는 게 소원이었다고 말할 정도로 피겨에 모든 것을 쏟아부었기 때문일 것이다.

▲ 피겨에 모든 것을 쏟아부은 김연아 선수는 은퇴하며 해방감을 느꼈다.

김연아 선수는 우쳐하게 한 길만 걸어온 길으며, 전무후무한 기록을 세워 피겨계에 한 획을 그었다. 김연아 선수의 경기는 온 국민의 손에 땀을 쥐고, 숨막들에게 감동을 주었다. 시간이 흐른 지금도 김연아 선수의 경기를 찾아보며 희망과 영감

> 관용어: 마음에 담아 두며 조마조마하도록 몹시 애달다.

을 얻는 사람이 많다. 하지만 김연아 선수는 [겸손하게] 자신의 일을 했을 뿐인 데, 사랑해 주고 기억해 주셔서 감사하다고 이야기한다. 김연아 선수가 걸어온 길 으로 앞으로도 오랫동안 기억될 것이며, 많은 이에게 용기를 붙어넣어 줄 것이다.

▲ 김연아 선수가 걸어온 길은 많은 이들에게 감동과 희망을 주었고 용기를 붙어넣어 줄 것이다.

구조 읽기

1 김연아 2 최초 3 금메달

1 (2)○ 2 ② 3 춘우 4 ① 5 (3)○ 6 ⑤
7 예시 답안 참고

중심 내용 파악하기

1 이 글은 김연아 선수가 피겨 스케이팅 선수로서 걸어온 길에 대한 내용을 다루고 있다.

세부 내용 파악하기

2 사람들은 경기 직전에 김연아 선수가 기도하는 모습을 보고 우승하게 해 달라고 기도했을 것이라고 짐작했지만, 김연아 선수는 '이' 자리에 설 수 있게 해 주셔서 감사합니다.'라고 기도한다고 밝혔다.

① ➡ 김연아 선수는 한국 선수 최초로 그랑프리 파이널에 출전해 1위를 달성하며 세계적인 주목을 받았다.
③ ➡ 김연아 선수는 2010년에는 밴쿠버 동계 올림픽에, 2014년에는 소치 동계 올림픽에 출전하였다.
④ ➡ 결과와 상관없이 경기를 할 수 있다는 것에 감사하는 김연아 선수의 기도는 많은 이에게 울림을 주었다고 하였다.
⑤ ➡ 김연아 선수는 우직하게 한 길만 걸어왔으며, 전무후무한 기록을 세워 피겨계에 한 획을 그었다.

관용 표현의 효과 알기

3 관용 표현을 활용하면 상대에게 전하고자 하는 내용을 실감 나고 생생하게 이야기할 수 있으므로, 춘우가 관용 표현을 활용할 때의 좋은 점을 알맞게 이야기하였다.

• '한둘' ➡ 관용 표현을 사용해서 상대에게 전달하려는 내용을 부정확하게 표현한다는 말이 잘못되었다.
• '지안' ➡ 듣는 이가 한 번 더 생각해 이해할 수 있도록 표현하였다는 말이 잘못되었다. 관용 표현을 사용하면 전하려는 내용을 듣는 이가 쉽게 이해할 수 있다.

관용 표현 알기

4 ②~⑤는 피겨에 모든 것을 쏟아부으며 우직하게 한 길만 걸은 김연아 선수에게까지 연을 수 있는 교훈을 표현한 속담이다.

추론하기

5 이 글에서 김연아 선수는 결과와 상관없이 경기를 할 수 있음에 감사하고, 운동할 때 섬섬함은 없고 해맑감만 있다고 말할 정도로 선수 생활을 하면서 최선을 다했다. 이를 통해 금메달을 따지 못한 김연아 선수가 후회나 억울함을 표현했을 것이라는 내용은 알맞지 않다.

적용하기

6 주어진 일상을 무덤덤하게 소화해 내는 숨은 노력 덕분에 김연아 선수는 최고의 자리에 오를 수 있었다. 또한 우승하게 해 달라는 기도가 아니라 이 자리에 설 수 있는 것에 감사하는 기도를 하는 모습에서 결과에 연연하지 않고 최선을 다하는 마음가짐을 엿볼 수 있다.

7 예시 답안 김연아 선수가 버틴 것이 대단하다고 스스로 말할 정도로 어려운 상황에서도 많았음에 도전하고 노력한 점을 배우고 싶다. '무쇠도 갈면 바늘이 된다'라는 속담처럼 노력을 멈추지 않으면 어떤 어려운 일이라도 이룰 수 있다는 용기를 얻게 되었다.

😎	김연아 선수에게서 배울 점을 찾아 구체적으로 썼으며, 알맞은 관용 표현을 활용할 용하여 썼습니다.
🙂	김연아 선수에게서 배울 점을 찾아 썼으나, 알맞은 관용 표현을 활용하여 쓰지 못했습니다.
😐	김연아 선수에게서 배울 점을 알맞게 찾아 쓰지 못하고, 알맞은 관용 표현도 활용하여 쓰지 못했습니다.

09

근거 자료의 적절성

선별적 복지와 보편적 복지

3회독 ✦ 내가 표시한 내용과 해시 답을 비교하며 읽어 보세요.

✦ 글에서 주장하는 복지 제도의 뜻에 ~~~
✦ 글에서 주장하는 내용에 ○
✦ 주장에 대한 근거에 [ ]

✦ 새로 알게 된 낱말이나 어려운 낱말을 써 보세요.
_____
_____
_____

가 선별적 복지가 옳다

1 선별적 복지란 특정한 조건을 갖춘 도움이 필요한 사람에게만 복지 혜택을 제공하는 것이다. 선별적 복지에서는 소득 수준, 자산 수준 등의 조건으로 혜택을 받을 사람을 결정한다. 국가가 복지 제도를 통하여 국민을 돕는 가장 효과적인 방법은 바로 선별적 복지 정책을 펼치는 것이다. 왜 선별적 복지가 필요한 것일까?

2 [첫째, 어려운 사람을 효과적으로 도울 수 있다.] 모든 사람에게 혜택을 주는 보편적 복지와 달리 선별적 복지는 도움이 꼭 필요한 사람들에게만 복지 혜택을 집중한다. 도움이 필요 없는 사람은 혜택에서 제외하고, 필요한 사람들에게 더 많은 혜택을 줄 수 있기에 한정된 복지 예산으로 최대의 효과를 낼 수 있다.

▲ 선별적 복지 정책은 어려운 사람을 효과적으로 도울 수 있다.

3 [둘째, 복지 제도를 지속할 수 있게 해 준다.] 정말 어려운 사람에게 도움이 될 만한 금액을 모든 사람에게 지원한다고 생각해 보자. 엄청난 액수의 돈이 필요할 것이고, 이는 국가에 큰 부담을 줄 수밖에 없다. 반면 선별적 복지를 통해 필요한 사람에게만 지원하면 국가의 부담이 상대적으로 적다. 따라서 국가가 더 오래 안정적으로 복지 제도를 유지할 수 있다.

▲ 선별적 복지 정책은 복지 제도를 지속할 수 있게 해 준다.

4 복지 제도는 모든 사람이 일정 수준 이상 살아갈 수 있도록 돕기 위해 존재한다. 따라서 가장 도움이 필요한 이들을 효과적으로 도울 수 있는 선별적 복지를 택해야 한다.

▲ 가장 도움이 필요한 이들을 효과적으로 도울 수 있는 선별적 복지를 택해야 한다.

나 보편적 복지가 옳다

5 보편적 복지는 누구나 복지 혜택을 받을 수 있도록 하는 복지 정책이다. 소득이나 자산 수준에 상관없이 급식을 이용하는 것이 모든 학생이 도움을 받고 혜택을 받는 것이 이에 속한다. 국가는 보편적 복지를 통해 평등한 사회를 만들고 다음과 같은 이유로 보편적 복지가 옳다.

▲ 국가는 누구나 복지 혜택을 받을 수 있도록 하는 보편적 복지를 통해 평등한 사회를 만들어야 한다.

6 [첫째, 안정적인 사회를 만들 수 있다.] 보편적 복지를 통하여 모든 사람이 복지 혜택을 받는다면 모두가 일정 수준 이상의 혜택을 받으므로 사회 분위기가 안정될 수 있다. 또한 인터넷의 어떤 누리집에 따르면, 보편적 복지가 시행되는 사회에서는 사람들이 어떤 위기에 처하더라도 무상 교육, 무상 의료, 무상 보육 등의 제도를 통해 안정적으로 삶을 이어갈 수 있다고 한다.

▲ 보편적 복지 정책은 안정적인 사회를 만들 수 있다.

7 [둘째, 행정적 효율성이 높다.] 만약 어떤 기준을 충족하는 사람에게만 복지 혜택을 준다면, 국가는 그 기준에 해당하는 사람을 모두 조사하여 선별해야 한다. 이런 일을 처리하기 위해서도 비용이 필요한데, 보편적 복지는 이런 과정이 필요 없다. 실제로 아동이 있는 가정에 돈을 지원하는 아동 수당은 소득이 낮은 사람들에게만 지원하려고 계획되었었다. 하지만 대상자를 선별하는 행정 비용이 찾기 때문에 보편적 지급으로 변경되었다.

▲ 보편적 복지 정책은 행정적 효율성이 높다.

8 모두가 행복한 사회를 만들기 위한 복지 정책이 누구는 받고, 누구는 받지 못하는 또 다른 차별을 낳아서는 안 된다. 따라서 모든 국민이 평등하게 복지 혜택을 누릴 수 있는 보편적 복지 정책이다.

▲ 모든 국민이 평등하게 복지 혜택을 누릴 수 있는 보편적 복지가 진정한 복지 정책이다.

독해 인증

1 선별적 **2** 복지 **3** 보편적 **4** 행정

1 (1) 도움이 필요한 사람에게만 (2) 모든 사람에게
2 ⑤ 3 (1) 나 (2) 나 (3) 가 (4) 가 4 (2) ○ 5 서연
6 예시 답안 참고

주장 파악하기

1 글 가에서는 도움이 필요한 사람에게만 복지 혜택을 제공하는 선별적 복지 정책을 펼쳐야 한다는 것을 주장하고 있고, 글 나에서는 모든 사람에게 복지 혜택을 제공하는 보편적 복지 정책을 펼쳐야 한다는 것을 주장하고 있다.

세부 내용 파악하기

2 5 문단에 따르면 보편적 복지는 모든 사람이 복지 혜택을 받기 때문에 조건에 해당하는 사람을 조사하는 과정이 필요 없다.

① → 5 문단에 따르면 학교 무상 급식은 모든 학생이 돈을 내지 않고 급식을 이용하는 것으로 보편적 복지에 해당한다.

② → 7 문단에 따르면 아동 수당은 소득이 낮은 대상자를 선별하는 행정 비용이 커서 보편적 지급으로 변경되었다.

③ → 2 문단에 따르면 선별적 복지는 도움이 꼭 필요한 사람에게만 복지 혜택을 줄 수 있어 한정된 복지 예산으로 최대의 효과를 낼 수 있다.

④ → 3 문단에 따르면 선별적 복지는 모든 사람에게 지원하는 보편적 복지보다 국가의 부담이 상대적으로 적다.

주장에 대한 근거 파악하기

3 글 가의 선별적 복지는 (4) 어려운 사람을 효과적으로 도울 수 있고, (3) 복지 제도를 지속할 수 있게 해 준다.
글 나의 보편적 복지는 (2) 안정적인 사회를 만들 수 있고, (1) 행정적 효율성이 높다.

근거 자료의 적절성 파악하기

4 6 문단에서 '인터넷의 어떤 누리집에 따르면'이라는 부분은 출처가 분명하지 않은 자료를 사용한 것이다.

추론하기

5 5 문단의 내용에 따르면 평등한 사회를 이루기 위해서는 보편적 복지 정책을 펼쳐야 하는데 한국, 일본, 미국은 세금을 적게 내고 복지 혜택도 적은 것으로 보아 선별적 복지 정책을 펼치고 있음을 알 수 있다. 따라서 서연이 복지 혜택을 제공하는 보편적 복지 정책을 펼쳐야 한다는 것을 잘못 이해한 것이다.

• '힌들' → 스웨덴처럼 세금을 많이 내고 복지 혜택이 많은 것은 보편적 복지 정책이 많다는 뜻으로 이해할 수 있다.

• '준우' → 그래프에도 나타나 있듯이, 영국과 타이는 세금과 복지 혜택이 불균형을 이루어 복지 제도가 지속 불가능하다.

6 예시 답안 ((2))번 근거 자료가 적절하다. 왜냐하면 (2)는 한국 보건 사회 연구원이라는 기관에서 제공한 통계 자료로 출처가 확실하고, 정확한 숫자를 제시하여 믿을 수 있기 때문이다. 반면 (1)은 동생이 친구들에게 물어본 결과라고 하여 출처도 확실하지 않고, 정확한 숫자도 알 수 없어 믿을 수 없는 자료이다.

😄	적절한 근거 자료를 바르게 찾아 답하고, 근거 자료의 적절성도 알맞게 판단하여 썼습니다.
🙂	적절한 근거 자료를 바르게 찾아 답하였으나, 근거 자료의 적절성은 알맞게 판단하여 쓰지 못했습니다.
🙁	적절한 근거 자료를 바르게 찾지 못했습니다.

10 기행문을 읽는 방법

여정에 ○
견문에 ~
감상에 [ ]

★ 새로 알게 된 낱말이나 어려운 낱말을 써 보세요.

3회독 ★ 내가 표시한 내용과 예시 답을 비교하며 읽어 보세요.

시베리아를 통과해 바이칼 호수로

옛! 시베리아가 위험해!

빼빼가족은 블라디보스토크에서 출발해 바이칼 호수로 가기로 했어. 바이칼 호수는 지리적으로도 역사적으로도 매우 중요한 의미를 가지고 있어서 빼뜨릴 수 없는 곳이거든.

그런데 블라디보스토크에서 바이칼 호수까지 가려면 시베리아를 통과해야 하느데 문제가 좀 있었어. 모두들 두 팔을 걷어붙이고 말렸거든. 차를 타고 그 머나먼 벌판을 통과하는 건 너무 위험하다는 거야. 그래도 빼빼가족은 부딪쳐 보기로 했어. 길을 나선다는 건 원래 위험한 일이니까. 참 대책도 없이 용감한 가족이지?

▲ 빼빼가족은 블라디보스토크에서 출발해서 시베리아를 통과해 바이칼 호수로 가기로 했어.

시베리아! 하면 어떤 생각이 가장 먼저 떠오르니? 엄청나게 춥고 고드름이 매달려 있고, 사방이 꽁꽁 얼어붙어 있고, 바람이 쌩쌩 불 것만 같지? 그런데 늘 그런 것만은 아니야. 전체적으로 냉랭한 건 맞지만, 그곳에도 계절은 있거든. 한겨울인 1월에는 영하 48도에서 영하 14도쯤이지만, 7월에는 영상 12도에서 23도쯤이야. 어때, 여름에는 살 만할 것 같지 않니? 그리고 러시아는 천연가스와 석유 등 자원이 풍부하기로도 유명한데, 이 시베리아 지역에 많이 문혀 있다는 말씀. 어때, 중요한 곳이라는 느낌이 확 오지?

▲ 시베리아는 전체적으로 냉랭하지만 여름에는 살 만하고, 천연가스와 석유 등 자원이 많이 문혀 있어.

빼빼가족이 시베리아를 찾았을 때 그곳은 짧은 봄을 맞고 있었어. 자작나무숲이 마치 바다처럼 펼쳐져 있고, 넓은 벌판에는 이름 모를 꽃들이 한가득 피어 있었지! 긴 겨울 동안 숨죽여 기다리다가 [봄을 맞아 마음껏 에너지를 뿜는 생명들로 가득한 시베리아 벌판은 정말 절로 감탄을 불러일으켰어.]_{감상}

또 사람들이 말했던 것처럼 [시베리아가 위험하기만 한 곳도 아니었단다. 그곳에서도 빼빼가족은 친절한 사람들을 많이 만났고 도움도 받았어, 이렇게 혼잣말이 절로 나올 만큼.]

▲ 짧은 봄을 맞이한 시베리아 벌판은 감탄을 불러일으켰고, 빼빼가족은 친절한 사람들을 많이 만났고 도움도 받았어.

시베리아의 푸른 눈, 바이칼 호수

바이칼 호수는 별명이 정말 많아. '성스러운 바다', '세계의 민물 창고', '시베리아의 푸른 눈', '시베리아의 진주' 등등. 사람 손을 많이 타지 않아서 지구상에서 가장 깨끗한 물이라고도 해. 어쩌나 맑은지 그 바닥이 훤히 들여다보일 정도야.

바이칼은 '큰 물'이라는 뜻인데, 이름 그대로 길이는 630킬로미터, 폭은 20~80킬로미터, 둘레는 무려 2,200킬로미터야. 그 크기가 한반도의 3분의 1과 맞먹는다니 얼마나 큰 호수인지 짐작이 가니? 오죽하면 엄연한 호수인데도 '바다'라는 별명이 생겼겠어. 세계에서 가장 깊은 호수이자, 세계 담수량의 20퍼센트를 차지하고 있다네. (중략)

▲ '큰 물'이라는 뜻의 바이칼 호수는 지구에서 가장 깨끗한 물이라고도 해. 크기가 한반도의 3분의 1과 맞먹고, 세계에서 가장 깊은 호수야.

이곳 사람들은 오물(Omul)이라는 생선을 훈제로 해서 많이 먹는데 [그 맛이 끝내줘. 낯선 물고기들이 우리나라 시골 장터에서 흔히 볼 수 있는 정거운 얼굴을 하고 있어. 우리랑 생김새도 비슷하고 아기를 엉덩이에는 몽고반점도 있고, 마을 어귀의 숫대나 나무의 울긋불긋 천을 매달아 놓은 모습도 전수했지. 아마 이곳 사람들은 우리 민족과 인연이 많은 것 같아. 우리나라 '신녀와 나무꾼' 비슷한 설화도 있고, 강강술래 비슷한 춤도 춘다니 정말 비슷한 게 많지?]

▲ 바이칼 호수 근처에 사는 사람들은 오물이라는 생선을 훈제로 해서 먹는데 그 맛이 끝내줘. 우리랑 생김새도 비슷하고 숫대, 설화, 춤 등 문화도 비슷해.

주제 읽기

1 시베리아 2 자원 3 바이칼

70~71쪽

1 ④ **2** ⑤ **3** (2)○ **4** ⑦ **5** 블라디보스토크 ➡ 바이칼 호수
➡ 모스크바 ➡ 상트페테르부르크 **6** 심인 **7** 예시 답안 참고

글의 종류 알기

1 이 글은 블라디보스토크를 출발하여 시베리아를 거쳐 바이칼 호수로 가는 여행에서 보고 듣고 그때 그때 느낀 일과 느낀 감정을 기록하고 소개한 기행문이다.

세부 내용 파악하기

2 시베리아는 전체적으로 냉랭하지만 여름에는 기온이 올라 살 만하고, 빼빼 가족이 시베리아를 찾았을 때는 짧은 봄을 맞고 있어서 자작나무 숲가 이름 모를 꽃들도 볼 수 있었다.

① ➡ 바이칼 호수는 '성스러운 바다', '세계의 민물 창고', '시베리아의 푸른 눈', '시베리아의 진주' 등 많은 별명을 가지고 있다.

② ➡ 바이칼은 큰 물이라는 뜻으로, 바이칼 호수는 세계에서 가장 깊은 호수이자, 세계 담 수량의 20퍼센트를 차지하고 있었다.

③ ➡ 바이칼 호수 근처에 사는 사람들은 오물(Omul)이라는 생선을 훈제로 해서 많이 먹는 데 그 맛이 끝내준다고 하였다.

④ ➡ 사람들은 시베리아가 위험한 곳이라고 하였지만, 빼빼가족은 그곳에서 친절한 사람들을 많이 만나고 도움도 받았다.

기행문을 읽는 방법 알기

3 기행문을 읽을 때에는 여행한 까닭이나 목적을 살펴보거나 여행지에서 다 닌 곳, 보고 듣고 느낀 것, 생각하거나 느낀 것과 같이 여행하면서 있었던 일을 살펴보며 읽는다.

기행문의 짜임 알기

4 여행 출발 전 바이칼 호수까지의 거리를 보고 있으므로 기행문의 처음 부 분인 ⑦에 들어갈 내용으로 알맞다.

여정 파악하기

5 이 글에서 빼빼가족은 블라디보스토크에서 시베리아를 시베리아를 통과해 바이칼 호 수로 갔다는 것을 알 수 있다. 그리고 기행문 차례로 보아 바이칼 호수에서 모스크바, 상트페테르부르크 순으로 여정이 이어지고 있다.

적용하기

6 빼빼가족은 시베리아를 여행하면서 친절한 사람들도 만나고 도움도 받을 수 있었다. 이를 통해 생각과 실제는 엄청나게 다르다는 것을 배울 수 있었으므 로 여행을 통해 직접 경험해 보는 것이 중요하다고 말한 숨인이의 말이 알맞다.

• '예슬' ➡ 여행을 하면서 예상하지 못했던 일을 겪은 것에 대한 어려움은 나타나 있지 않다.

• '지안' ➡ 여행을 통해 시베리아는 엄청나게 춥고 사방이 꽁꽁 얼어붙어 있으며, 시베리아는 위 험하다는 고정 관념에서 벗어날 수 있었다. 따라서 여행을 많이 함수록 고정 관념이 생기는 것 같다는 내용은 알맞지 않다.

7 예시 답안 지난 방학 때 가족과 경주 여행을 다녀온 것이 기억에 남는다. 교 과서에서 사진으로만 본 문화유산을 직접 눈으로 보니 신기하기도 하고 또 다른 느낌으로 다가왔다. 경주의 역사나 문화 등에 대해 몰랐던 것도 새롭게 알 수 있었고, 새롭게 석굴암에 올라 맞이한 일출은 오랫동안 기억에 남을 것 같다. 여행은 새로운 경험을 하게 해 주고, 추억을 만들어 주어서 좋다.

:D	여행의 좋은 점을 그렇게 생각한 까닭과 함께 알맞게 정리하여 썼습니다.
:)	여행의 좋은 점은 썼지만, 그렇게 생각한 까닭을 알맞게 표현하지 못했습니다.
:(	여행의 좋은 점을 쓰지 못했습니다.

6단계 B • 정답 및 해설 **23**

11

고전 소설의 특징

3 회독

★ 내가 표시한 내용과 예시 답을 비교하며 읽어 보세요.

홍길동전

등장인물에 ○
시대적 배경을 알 수 있는 부분에 ~
중심 사건에 [ ]

(길동)이 어느덧 열둘 섬이 되었을 때, 길동이 총명함은 보통을 뛰어넘어서 하나를 들으면 백 가지를 깨달았다. 게다가 재주가 뛰어나고 배포가 커, 홍 판서는 영특한 길동을 마음속으로 사랑하고 소중히 여겼다. 하지만 천한 신분의 어머니에게서 태어났기 때문에 아버지를 아버지라 부르고 형을 형이라 하지 못하게 구박받았다. 이를 아는 종들도 길동을 천대하였다. 길동은 원통한 마음이 뼈까지 사무쳐 종처럼 마음을 잡지 못하고 방황했다.

"대장부가 세상에 태어나 공자와 맹자를 본받지 못하면, 차라리 병법을 익혀 대장군이 되어 나라에 큰 공을 세우고 이름을 후대에 빛내는 것이 장부가 해야 할 기쁜 일일 것이다. 그런데 [내 운명은 어찌 이리 기구한가! 아버지와 형이 있어도 아버지를 아버지라 부르지 못하고 형을 형이라 부르지 못하니, 어찌 원통하지 않겠는가!]"

길동은 심란한 마음에 뜰에 내려와 검술을 연습했다.

▲ 길동이 자신의 천한 신분 때문에 종들에게까지 천대를 받고, 원통한 마음이 뼈까지 사무쳐 마음을 잡지 못하고 방황했다.

마침 (홍 판서)가 길동을 보고 불러 물었다.

"너는 무슨 일이 있기에 깊은 밤까지 잠을 자지 않고 있느냐?"

"소인에게 궁금한 것이 있사옵니다. 하늘이 만물을 창조할 때 사람을 가장 귀하게 만들었지만 소인에게는 귀함이 없으니 어찌 사람이라 하겠습니까?"

홍 판서가 그 말의 뜻을 짐작하나 짐짓 구짖어 말했다.

"제상 집안에 천한 신분 자식이 너뿐이 아닌데, 너는 어찌 이리 방자한 것이냐? 앞으로 한 번이나 이런 말을 꺼내면 다시는 너를 보지 않을 것이다."

길동은 감히 한마디 말도 더 고하지 못하고 땅에 엎드려 눈물만 흘릴 뿐이었다.

홍 판서가 물러가다 명하니, 길동이 방으로 돌아와서도 슬픔을 떨칠 수 없었다.

▲ 길동은 홍 판서에게 자신의 원통함을 호소했지만, 오히려 크게 꾸중을 들었다.

하루는 길동이 (어머니)에게 찾아가 말했다.

"소자를 낳아 주신 어머니의 은혜는 끝이 없습니다. 그러나 [소자의 팔자가 복이 없어 천한 몸이 되니 품은 한이 깊습니다. 사내대장부가 세상에 태어나 남의 천대를 받고 살 수는 없겠지요. 소자는 제 마음을 이기지 못해 이제 어머니의 슬하를 떠나려 합니다.] 어머니는 저를 염려하지 마시고 부디 귀한 몸을 소중히 돌보십시오."

그 어머니가 듣고 매우 놀라 말했다.

"재상 집안에 노비에게서 태어난 자식이 너뿐이 아니거늘, 어찌 마음을 좁게 먹어 이 어미의 애를 태우느냐?"

길동이 결연히 대답했다.

"옛날 사람 중에 노비에게서 태어났으나 열세 살에 그 어미와 이별하고 산으로 들어가 도를 닦아 이름을 후세에 전한 장충의 아들 길산이 있다고 들었습니다. 소자도 그를 본받아 세상을 벗어나려 하니 어머니는 안심하시고 뒷날을 기다리십시오. 그간 곡산 어미의 행동을 보니 대감의 총애를 잃을까 봐 어머니와 저를 원수같이 여기고 있습니다. 이 때문에 큰 화를 입을 수도 있으니 어머니는 저를 염려하지 마십시오."

길동의 말에 어머니 또한 슬픔의 눈물을 흘렸다.

▲ 결국 길동은 집을 떠나 세상을 벗어나려 한다고 어머니께 말했다.

정답 확인하기

1 돌 2 길동 3 어머니

★ 새롭게 알게 된 낱말이나 어려운 낱말을 써 보세요.

78~79쪽

1 (3)○ 2 ⑤ 3 (1)② (2)① 4 (1) 권선징악 (2) 행복한
5 예술 6 (1)× 7 예시 답안 참고

중심 사건 파악하기

1 소제목은 해당 부분의 내용을 간략하게 요약하는 역할을 한다. 이 이야기에 나타난 중심 사건은 길동이 자신의 천한 신분 때문에 힘들어하다가 집을 떠나는 것이다. 따라서 길동이 처지를 함축적으로 담고 있는 '아버지를 아버지라 부르지 못하다'가 이 이야기의 소제목으로 어울린다.

세부 내용 파악하기

2 홍 판서와 춘섬 모두 길동의 원통함을 알고 있으나 길동의 마음이 어해지거나 방자해질까 봐 염려되어서 꾸짖은 것이다.

시대 상황 이해하기

3 ⑦은 천한 신분의 어머니에게서 태어난 아이는 아버지나 형이 있어도 그렇게 부르지 못하는 상황이 나타나 있다. 이것은 어머니의 신분에 따라 차별을 받는 모습을 보여 준다. ⓒ은 길동 같은 처지의 사람이 흔하다는 것으로, 길동 같은 처지의 여성을 첩으로 삼는 일이 흔했다는 것을 보여 준다.

고전 소설의 특징 파악하기

4 이 이야기의 앞부분 줄거리를 보면 집을 떠난 길동은 탐관오리들의 재물을 빼앗아 죄 없는 백성들에게 나누어 주었고, 훗도국의 왕이 되어 태평성대를 이룬다고 하였다. 이는 악한 탐관오리들은 벌을 받고 죄 없는 백성들은 복을 받는 권선징악과 행복한 결말을 보여 준다.

5 다른 작품과 비교하기

「홍길동전」의 앞부분 줄거리와 비슷한 이야기는 「전우치전」이다.
「별주부전」은 자라와 토끼를 의인화하여 쓴 이야기로, 당시 지배 계층의 부패한 모습과 이미 땅에 떨어져 초라해진 용왕의 위엄을 풍자하고 있다.

6 글에 드러나지 않은 내용 추론하기

제시된 글에서 서얼은 문과 시험과 비슷한 시험 응시가 금지되고, 집안의 대를 이을 수도 없다고 하였다. ⑦의 첫 문장은 대장부가 세상에 태어났으면 공자와 맹자를 공부해 문과 시험을 보든지, 병법을 익혀 대장군이 되든지 해야 하는데 서얼 출신인 자신은 둘 다 할 수 없음을 말한 것이다. 그리고 아버지를 아버지라 부르지 못하고 형을 형이라 부르지 못한다는 것은 집안의 대를 이을 수 없다는 것을 뜻한다.

7 예시 답안 길동에게

신분 차별 때문에 방황하는 너의 모습이 정말 안타까웠어. 태어나면서부터 결정되는 신분 때문에 실력이 있어도 인정받지 못한다는 것은 어떤 기분일까? 게다가 어머니의 신분 때문에 아버지를 아버지라 부르지 못한다니 정말 부당한 일이라는 생각이 들었어. 결국 너를 인정해 주지 않는 세상에서 벗어날 수밖에 없었음을 것 같아. 불공평한 신분 제도를 그대로 받아들이기보다 네가 할 수 있는 일을 하려는 너의 모습에 나도 용기를 얻었어.

>ㅅ<	이 글에 나타난 감동이나 마음이나 행동에 대하여 위로하는 말이나 응원하는 말을 알맞은 문장으로 썼습니다.
:)	이 글에 나타난 감동이나 마음이나 행동을 정리하여 썼으나, 그에 대한 내 생각은 잘 드러나지 않습니다.
:(	감동이 마음이나 행동을 잘 이해하지 못하여 감동에게 감동에게 하고 싶은 말을 알맞게 쓰지 못했습니다.

12

뉴스가 생활에 미치는 영향

★ 뉴스에서 다루고 있는 중심 글감에 ○

★ 뉴스에 담긴 관점을 알 수 있는 부분에 ~~~

★ 뉴스를 읽고 새로 알게 된 정보에 [ ]

★ 새로 알게 된 낱말이나 어려운 낱말을 써 보세요.

---

3 회독 ★ 내가 표시한 내용과 예시 답들 비교하며 읽어 보세요.

'공정 무역 전문가 초청 강연' 개최

뉴스 진행자: 오늘은 최근 사회적 관심이 집중되고 있는 (공정 무역)에 대한 내용을
준비했습니다. 김동률 기자, 전해 주시죠.

뉴스에서 다루고 있는 중심 글감

기자: 1 전 세계에 막을 것이 없어 굶주리는 절대 빈곤자가 12억 명이라고 합니다.
이들 중 대부분은 남반구에 있는 저개발국 농민들로, 식자재의 생산자인 농민들
이 굶는 이유는 상황은 불공정한 무역 구조 때문에 발생합니다. [커피를 예로
불공정한 무역 구조에 대해 알게 됨

들면 연간 커피 매출은 7,500조 정도이지만 3천5백억 명에 달하는 농민에게는
매출의 0.5퍼센트밖에 돌아가지 않는 상황입니다. 즉 지금 지구촌 자본주의는
남반구에서 생산된 농산물을 가지고 북반구의 기업이 부가 가치를 올려 아마어
마한 부를 축적하는 구조인 것이죠.]

시장지 생산자인 농민들이 굶는 이러한 상황은 세계 무역 시장의 불공정한 무역 구조
때문에 발생합니다.

2 이처럼 공정하지 못한 무역 관행을 개선하여 부의 편중, 환경 파괴, 노동력 착
뉴스의 관점: 공정 무역의 불공정한 무역 구조를 개선시킬 수 있음
취, 인권 침해 등의 문제를 해결하고자 하는 노력에서 공정 무역이 생겨났습니다.
이에 대한 사람들의 관심과 참여를 촉구하기 위해, 2002년부터는 5월 둘째 주 토
요일마다 '세계 공정 무역의 날'을 시행하고 있으며, 올 5월 11일에는 세계 공정
무역의 날을 맞아 △△시에서 '공정 무역 전문가 초청 강연'을 개최했습니다.

올 5월 11일에는 세계 공정 무역의 날을 맞아 공정 무역 전문가 초청 강연을
연을 개최했습니다.

공정 무역 전문가: 3 세계 무역 시장은 소수 기업이 지배하에 움직이고 있어요. 그
리고 일부 기업은 더 많은 이익을 얻기 위해 생산자들에게 생산 비용보다도 낮
은 가격으로 물건을 공급하도록 강요하죠. 이로 인해 영세한 생산자는 낮은
임금과 노동 착취 등의 문제로 어려움을 겪게 됩니다. 이러한 문제는 대부분이
개발 도상국 생산자가 겪고 있는데요. 대개 세계 무역 시장에서 영향력을 가진
기업은 선진국의 기업이기 때문에, 불공정한 무역 구조로 인해 나타난 간 경제 격
차는 더욱 심해집니다.

▲ 불공정한 무역 구조로 인해 나타나 나라 간 경제 격차는 더욱 심해집니다.

---

4 [공정 무역을 통해 개발 도상국의 농부들과 노동자들에게 정당한 가격을 보장
공정 무역의 이점에 대해 알게 됨
해 주고, 안전한 노동 환경을 제공할 수 있어서 생산자는 경제적 자립을 이룰 수
있습니다. 더 나아가 이것은 공정은 생산자와 그 국가의 교육과 건강에 투자할 수 있는 기
반이 되고요. 공정 무역은 이런 이점이 있습니다. 추가로 공정 무역을 통해 지속 가능한
농업과 친환경적인 생산 방식을 장려합니다. 따라서 공정 무역을 통해 토양과 생태
계를 보호하고, 이는 장기적으로 생산자와 소비자 모두에게 이어지는 것이지요.]

▲ 공정 무역은 장기적으로 생산자와 소비자 모두에게 이익이 됩니다.

5 물론, 공정 무역을 활성화시키는 과정에서 공정 무역 인증 기관과 마크의 종류
가 너무 다양하여 소비자들이 알기 어렵다는 것과 같은 문제가 생기기도 합니다.
하지만 오히려 이러한 문제점을 공정 무역 시스템을 개선하는 동기로 삼아 더 나
은 방향으로 나아갈 수 있습니다.

▲ 공정 무역을 활성화시키는 과정에서 문제가 생기기도 하지만, 시스템을 개선하는 동
기로 삼아 더 나은 방향으로 나아가면 됩니다.

6 아울러 가치 있는 소비를 지향하는 소비자가 늘어나면서 앞으로 공정 무
뉴스의 관점: 공정 무역에 대해 긍정적으로 생각함
역 제품을 찾고 있어요. 또한 기업들도 지속 가능성을 고려한 경영 전략을 채택함
으로써, 공정 무역 제품이 시장 점유율을 확대할 것으로 예상합니다.

▲ 공정 무역 제품이 시장 점유율을 확대될 것으로 예상합니다.

기자: 7 공정 무역의 활성화를 위해서 소비자들이 참여할 수 있는 방법이 있습니
다. 바로 공정 무역 라벨이 붙은 상품이나 공정 무역 가치를 실천하고 있는 브
랜드의 제품을 구입하는 것입니다. 그리고 소비자들이 공정 무역에 지속적으로
관심을 가지는 것이 가장 중요합니다. 행복한 지구를 만들기 위해 더 많은 사람
들이 드드한 협력자가 되어 주시길 바라면서 이상, 김동률 기자였습니다.

▲ 공정 무역 활성화를 위해서도 소비자들의 실천과 관심이 중요합니다.

구조 알기

1 공정 무역   **2** 경제   **3** 확대   **4** 소비자

6단계 B · 정답 및 해설 **26**

84~85쪽

1 (1)○　2 ④　3 준우　4 (1)② (2)① (3)③　5 ⑤
6 (3)○　7 예시 답안 참고

중심 내용 파악하기

1 뉴스는 공정 무역의 필요성을 알리고 소비자들의 관심을 촉구하기 위해 '공정 무역 전문가 초청 강연'의 내용을 소개하였다.

세부 내용 파악하기

2 글 ②의 내용에서 공정 무역 시스템에도 문제점이 있다는 것을 알 수 있다.
① 글 ②에서 세계 공정 무역의 날은 매년 5월 둘째 주 토요일마다 시행하고 있음을 알 수 있다.
②, ③ 글 ⑥에서 가치 있는 소비를 지향하는 소비자가 늘어남에 따라 공정 무역 제품이 시장 점유율이 확대될 것임을 알 수 있다.
⑤ 글 ④에서 공정 무역이 개발 도상국의 농부들과 노동자들에게 정당한 가격을 보장해 준다는 것을 알 수 있다.

뉴스의 타당성 판단하기

3 지안이의 말에서 모든 사람이 다 알고 있는 사실의 경우 자료의 출처가 명확하지 않아도 괜찮다는 내용은 알맞지 않다.

뉴스가 미치는 영향 이해하기

4 글 ②는 △△시에서 공정 무역 전문가를 초청하여 강연을 개최했다는 사실을 알려 주고 있다. 글 ④는 공정 무역의 이점에 대한 내용으로, 공정 무역을 긍정적인 시각으로 보게 한다. 글 ⑦은 공정 무역의 활성화를 위해서 소비자들이 실천할 수 있는 방법을 알려 주면서 여론을 형성하고 있다.

뉴스 내용 해석하기

5 ㉠은 공정 무역으로 인해 개발 도상국의 생산자와 노동자에게 정당한 대가가 돌아가면 그들의 삶이 나아질 것이라는 의미가 담겨 있다. ㉡은 공정 무역이 추구하는 친환경적인 생산 방식은 장기적으로 생산자와 소비자 모두에게 이익이 된다는 내용이다. 따라서 ⑤에 나타난 내용이 알맞지 않다.

추론하기

6 제시된 자료도 다양한 공정 무역 인증 마크들이고, ㉢에는 공정 무역 시스템의 문제점이 들어가야 한다. 따라서 공정 무역 인증 기관과 마크의 종류가 너무 다양하여 소비자들이 알기 어렵다는 내용이 들어가는 것이 자연스럽다.

7 **예시 답안** 이 뉴스를 보기 전에는 개발 도상국의 생산물이 우리에게 올 때 농민들에게 어느 정도의 대가가 돌아가는지 잘 몰랐다. 그런데 커피 매출의 0.5퍼센트를 받으며 봉사를 지냈다는 것이 믿어지지 않았다. 개발 도상국의 농민들이 왜 계속 어려운 생활을 할 수밖에 없는지 알게 되었다. 이 뉴스를 통해 공정 무역에 관심을 가지게 되었고 나도 공정 무역 제품을 이용해야겠다고 다짐하였다.

:D	이 뉴스를 보고 새로 알게 된 점과 공정 무역에 대한 시각의 변화를 잘 표현하여 알맞은 문장으로 썼습니다.
:)	이 뉴스를 보고 새로 알게 된 점이나 공정 무역에 대한 시각의 변화 중 한 가지만 드러나게 썼습니다.
:(	이 뉴스를 보고 새로 알게 된 점과 공정 무역에 대한 시각의 변화를 알맞은 문장으로 표현하여 쓰지 못했습니다.

13

언어폭력과 언어문화

부정적인 언어 표현에 ○
중심 사건에 [ ]
글쓴이가 전하고자 하는 말에 ～～

3회독 ✦ 내가 표시한 내용과 해시 답을 비교하며 읽어 보세요.

서로가 즐거운 소통의 비결

우리는 매일 많은 사람과 말을 주고받는다. 그리고 다양한 사람과의 소통은 우리의 삶을 더욱 풍요롭게 해 준다. 하지만 때로는 말 한마디로 인해 좋일 마음이 불편해질 때도 있다. 서로에게 즐거운 소통이 되기 위해서는 서로 존중하는 표현을 사용해야 한다는 것을 최근의 경험을 통해 절실히 깨닫게 되었다.

▲ 나는 서로에게 즐거운 소통이 되기 위해서는 서로 존중하는 표현을 사용해야 한다는 것을 깨달았다.

[친구들과 함께 점심을 먹으러 가서 각자 메뉴를 고르고 있었는데, 예진이가 유 **(중심 사건)** 난이 오랫동안 고민했다. / "아직도 결정 못 했어? 너 정말 ⦗결정 장애⦘구나." 난이 도움이가 웃었다. 나도 다른 친구들을 따라 함께 웃었다. 그런데 밥을 먹는 내내 예진이는 어색하게 웃거나 어두운 표정을 지었다.]

(도움이가 사용한 부정적인 언어 표현)

▲ 예진이가 점심 메뉴를 결정하지 못하는 모습을 본 도움이가 예진이에게 '결정 장애'라고 말했다.

친구들과 헤어지고 집에 돌아와 오늘 있었던 일을 떠올려 보고 있는데 단체 대화방에 알림이 울렸다. 예진이었다.

[나는 결정을 내리는 게 어려울 때가 많아. 그런데 다른 사람이 기다리는 게 미안해서, 빨리 결정하고 싶은 마음에 더욱 마음이 급해지곤 해. 그런데 오늘 너희가 나를 답답해하고 놀린다는 기분이 들어서 많이 서운했어. 물론 너희는 장난이었겠지만, 나에게는 조금 상처가 되었어."]

▲ 예진이는 단체 대화방에 '결정 장애'라는 말을 들은 것이 서운하고 상처가 되었다는 마음을 표현하였다.

예진이의 말을 들으니, 친구들과 함께 가볍게 웃어넘긴 것이 미안해졌다. 그래서

"아까 기분이 안 좋아 보였는데, 먼저 자세히 묻지 않아서 미안해. 시우는,

라고 사과했다. 다른 친구들도 하나둘 답장하기 시작했다. 시우는,

"너희와 있을 때 즐겁게 장난을 치다 보니 가끔 선을 넘을 때가 있는 것 같아. 앞으로 좀 더 신중하게 생각하고 표현할게." / 라고 이야기했다. 도윤이는,

"나도 빨리 결정하고 싶어서 마음이 급했을 땐데, 내가 너를 재촉하고 놀린다고 느껴져서 속상했을 것 같아. 웃기고 싶은 맘에 함부로 말해서 미안해." 라며 미안한 마음을 전했다. / 은빈이는 내가 미처 생각하지 못한 이야기를 했다.

"결정할 때까지 기다려 주지 못하고 부정적으로 표현하는 것에 동조해서 미안해. 기다리는 장애는 몸이나 마음이 아픈 것인데, '장애'라는 말을 붙이는 건 장애를 비하하는 말이기도 하다는 것을 얼마 전에 알게 되었거든. 그런데도 분위기에 휩쓸려서 함께 웃기만 해서 정말 미안해."

▲ 친구들이 모두 미안한 마음을 담아 예진이에게 사과하였다.

이 일을 통해 나는 많이 단순히 의사소통의 수단이 아니라, 생각과 마음을 전달하고 관계를 형성하는 데에 매우 중요함이 있음을 다시 한번 느꼈다. 무심코 던진 말이 상대에게 큰 상처가 될 수 있음을 가끔 잊게 되는데, 특히 친구 사이에서는 농담이라는 이름으로 함부로 말하는 경우가 더 자주 있었다. 더 나아가 우리가 성 참 없이 내뱉는 말들이 사회 전반에 차별적인 표현이 함부로 사용되는 데에 일조 할 수도 있다는 생각도 들었다. 앞으로는 누구에게든 더 신중하고 배려심 있는 언어를 사용해서, 서로를 존중하고 이해하며 서로가 즐거운 소통을 해야겠다고 다짐했다.

(글쓴이가 전하고자 하는 말)

▲ 누구에게든 더 신중하고 배려심 있는 언어를 사용해서, 서로를 존중하고 이해하며 서로가 즐거운 소통을 해야겠다고 다짐했다.

✦ 새로 알게 된 낱말이나 어려운 낱말을 써 보세요.

독해 완성

1 존중 2 사과 3 소통

1 ② 2 (3)○ 3 ② 4 ②,④ 5 승인 6 혐오
7 예시 답안 참고

인물의 마음 이해하기

1 예진이는 결정을 못 하고 오랫동안 고민하는 자신에게 '결정 장애'라고 한 친구들에게 서운하여 단체 대화방에 글을 남겼다.

글을 쓴 목적 알기

2 마지막 문단에 글쓴이가 이 글을 쓴 목적이 나타나 있다.
글쓴이는 친구들과 있었던 최근의 경험을 소개하고, 마지막 문단에서 그 일을 통해 말에 대해 깊이 깨닫게 된 것과 자신의 다짐을 말하였다.

바람직한 언어생활 이해하기

3 유난히 오랫동안 고민하고 결정하지 못 하는 친구에게 '결정 장애'라는 말을 하기보다는, 결정하기 어려운 상황을 공감해 주거나 배려하면서 결정하기 쉬운 방향으로 조언을 해 주는 것이 좋다. ②와 같은 행동 역시 언어폭력이 될 수 있다.

글쓴이가 하고자 하는 말 알기

4 글쓴이가 깨닫게 된 ②, ④의 내용이 마지막 문단에 나타나 있다.
① ➜ 말은 단순히 의사소통의 수단이 아니라고 하였다.
③ ➜ 말은 생각과 마음을 전달하고 관계를 형성하는 데에 매우 중요하다고 하였다.
⑤ ➜ 친구 사이에서는 농담이라는 이름으로 함부로 말하는 경우가 자주 있는데, 무심코 던진 말이 상대에게 큰 상처가 될 수 있다는 것을 잊으면 안 된다는 내용이다.

적용하기

5 ㉠~㉢의 내용은 말이 관계에 영향을 미치고, 친구 사이라도 상처 주는 말을 해서는 안 되며, 차별적인 표현을 써서는 안 된다는 것이다.
• '힘들' ➜ 좋은 관계에서는 굳이 말로 표현하지 않아도 잘 지낼 수 있다는 내용이 잘못되었다.
• '예슬' ➜ 심한 농담이라도 재미있으면 괜찮다는 내용이 잘못되었다.

부정적인 언어 표현에 대해 알기

6 제시된 글은 '혐오 표현'에 대한 내용이다. '혐오 표현'이란 성별, 장애, 종교, 나이, 출신 지역, 인종 등을 이유로 어떤 개인이나 집단에게 모욕, 비하를 유도하여 차별을 정당화하는 효과를 갖는 표현으로, '혐오 장애'와 같이 성찰 없이 내뱉는 혐오 표현이 앞으로 우리 사회를 더욱 어둡게 할 수 있다.

7 예시 답안 나는 평상시에는 바람직한 언어생활을 하는 편인데, 이상하게 게임만 하면 좋음말이나 비속어를 사용하게 된다. 상대방 역시 나에게 비슷한 말로 대꾸하는데 게임 중에는 별다른 생각이 없다가 게임을 끄고 나면 괜히 기분도 상하고, 나도 나쁜 말들을 한 것에 대해 후회가 든다. 앞으로는 게임을 할 때도 나부터 바람직한 언어를 사용하도록 노력하겠다.

😄	평소 나의 언어생활을 되돌아보고, 바람직한 언어생활에 대한 다짐을 알맞게 썼습니다.
🙂	평소 나의 언어생활을 되돌아보는 내용이나, 바람직한 언어생활에 대한 다짐 중 한 가지만 알맞게 썼습니다.
😞	평소 나의 언어생활이 어떠한지 잘 알지 못하고, 바람직한 언어생활에 대한 다짐도 알맞게 쓰지 못했습니다.

14 이야기의 구조

이야기의 구조

- 인물과 배경에 ○
- 발단이 되는 시간에 ~~~
- 사건이 해결되는 부분에 [ ]

★ 새로 알게 된 낱말이나
아래쪽 빈칸에 낱말을 써 보세요.

3회독 ★ 내가 표시한 내용과 답지에서 비교하며 읽어 보세요.

하늘은 맑건만

1 골목 모퉁이를 꺾어 들어서자 문구 (수만) 이가 간다. 서너 간 앞을 서서 동무 (수만) 이가 간다.

공간적 배경

는 좇아가 그와 나란히 서며 / "너 집에 인제 가니?" / 하고 어깨에 손을 얹고

"이거 이상한 일 아니냐?"

"고갯 시러 갔는데 너 일 원짜리로 알구 셨는데 십 원으로 거슬러 주니 않아."

발단이 된 사건: 고깃간 주인이 거스름돈을 잘못 줌

"정말루? 어디 봐." / 문기는 손바닥을 펴 돈과 또 고기를 보았다. 수만이는 잠

시 눈을 꿈벅꿈벅 무슨 궁리를 하는 듯 문기 얼굴을 보고 섰더니 / "너 이렇게

해 봐라." / "어떻게 말야?" / "먼저 진드랗게 너희 작은어머니에게 주거든."

"그리고 어떻게 해." / "그리고 아무 말 없거든 내게로 나와. 헐 일이 있으니."

▲ **발단:** 심부름을 갔던 문기가 고깃간 주인의 실수로 거스름돈을 더 받은 사실을

이야기에 말했다.

2 문기는 (삼거리) 고깃간을 향해 갔다. 그리고 골목으로 돌아가 남저지 돈을 중

공간적 배경

이에 써서 담 너머로 그 안마당을 향해 넌졌다. 그제야 문기는 무거운 짐을 풀

어놓은 듯 어깨가 가뜬했다. 아까 물 위로 둥실둥실 떠가던 그 공, 지금은 벌써 십

리고 이십 리 멀리 떠갔을 듯싶은 그 공과 함께 문기는 자기의 허물도 멀리 사

라져 깨끗이 벗어난 듯 속이 후련했다. 그리고 / '다시는 다시는,' / 하고 문기는

두 번 다시 그런 허물을 범하지 않겠다고 맹세 다지며 집을 향해 돌아간다.

▲ **전개:** 문기는 쓰고 남은 거스름돈을 고깃간에 던지며 다시는 허물을 범하지 않겠다고

다짐했다.

3 (문기 집) 가까이 이르렀다. 수만이는 문기 앞으로 다가서며 작은 음성으로 조

공간적 배경

쳤다. / "너, 지금으로 가지고 나오지 않으면 넌 큰 큰 큰 가만 안 둔다. 도적질했다 하구

똑바루 써 놓을 테야."

문기는 여전히 못 들은 척 겉으론 옳긴다. 자기 집 마당엘 들어섰다. 수모는 뒤

곁에서 화초 모종을 하는지 여기 심어라 저기 심어라 하고 아랫집 심부름하는 아

이와 이야기하는 소리가 날 뿐 집 안엔 아무도 없다.

그리고 눈앞에 보이는 붓장 안 앞턱에 지전 몇 장이 놓여 있다. 그

4 검음은 집을 향해 가는 것이지만 반대로 마음은 열어진다. 장차 집엘 가서 대

할 수모가 두렵고 삼촌이 (삼거리) 를 건너고 더욱이 문기는 두려웠다.

공간적 배경

어느덧 검음은 (삼거리) 를 건너고 있었다. 문기 등 뒤에서 아주 멀리 뿡뿡하고 자

동차 소리와 비켜라 하는 사람의 소리가 나는 듯하더니 갑자기 귀밑에서 크게 울

린다. 언뜻 돌아다보니 바로 눈앞에 자동차 머리가 달려든다. 그리고 문기는 으쓱

하고 높은 데서 아래로 떨어져 가는 듯싶은 감각과 함께 정신을 잃고 말았다.

▲ **절정:** 두려운 마음으로 집에 가던 문기는 삼거리를 건너다 자동차에 치여 정신을 잃

었다.

5 "(작은아버지)" / 하고 문기는 입을 열었다. 그리고

인물

"저는 마땅히 받아야 할 벌을 받은 거예요."

하고 [문기는 눈을 감으며 한마디 한마디 또박또박 처음서부터 끝까지 민

문기가 자신의 허물을 작은아버지에게 자세하게 사건이 해결됨.

저 고깃간 주인이 일 원을 십 원으로 알고 거슬러 준 것, 그 돈을 써 버린 것, 그리

고 또 붓장 안의 돈을 자기가 훔쳐 낸 것, 이렇게 하나하나 숨김없이 자세을 하자]

이때까지 겹겹으로 몸을 싸고 있던 허물이 한 꺼풀 벗어지면서 마침

속이 아뜩도 차차 사라지며 맑아지는 것을 문기는 확실히 깨달을 수 있었다. 마음

이 맑아지며 따라 몸도 가든해진다. 내일도 또 하늘도 맑고 하늘을 맞아지리라. 그리고

문기는 그 하늘을 떳떳이 마음껏 쳐다볼 수 있을 것이다.

▲ **결말:** 문기는 작은아버지에게 모든 허물을 자백하고 마음이 맑아졌다.

1 발단 2 허물 3 두려운

1 ④ 2 ③, ①, ⑤, ②, ④ 3 ⓒ 4 ③ 5 서연
6 ④ 7 예시 답안 참고

제목에 담긴 뜻 읽기

1 이 이야기의 제목인 '하늘은 맑건만'은 고깃간에서 더 받은 거스름돈을 써 버리고, 숙모 돈을 훔친 문기가 맑은 하늘을 떳떳하게 보지 못하는 마음을 표현한 것이다.

이 이야기의 끝부분에 나온 '내일도 해는 뜨고 하늘은 맑아지리라. 그리고 문기는 그 하늘을 떳떳이 마음껏 쳐다볼 수 있을 것이다.'라는 내용을 통해서 짐작할 수 있다.

일이 일어난 차례 읽기

2 이 이야기는 고기를 사러 갔던 문기가 고깃간에서 거스름돈을 더 받아 오면서 시작되었다(3). 수만이와 그 돈을 쓰면서 마음이 무거웠던 문기는 쓰고 남은 거스름돈을 고깃간 안마당에 던지고 속이 후련해졌지만(1), 수만이는 남은 돈을 내놓으라고 협박하자 문기는 숙모 돈을 훔쳤다(5). 집에 가서 숙모와 삼촌과 점순이를 대할 일을 두려워하며 집에 가던 문기는 교통사고를 당했다(2). 문기는 마땅히 받아야 할 벌을 받은 것이라면서 작은아버지에게 모든 것을 자백하고 마음이 많아졌다(4).

사건의 원인 파악하기

3 모든 일이 문기가 고깃집에서 거스름돈을 더 받아 오면서 시작되었다.

'발단'은 '이야기의 사건이 시작되는 부분'이라는 뜻도 있고, '어떤 일이 일어나도록 만드는 원인이 되는 일'이라는 뜻도 있다.

이야기의 구조 파악하기

4 ⑤문단은 갈등이 해소되고 사건이 해결되는 결말 부분이다.

「토끼와 거북」이야기는 '④ → ① → ② → ⑤ → ③' 순으로 줄거리를 나열할 수 있다.

생략된 내용 추론하기

5 ①문단에서 수만이가 말한 '쉴 일'은 ②문단에 나온 '남자지 돈', '물 위로 둥실둥실 떠가던 그 공과 함께 자기의 허물도 멀리 사라져'와 같은 표현으로 보아 '거스름돈으로 사고 싶은 것을 사는 일'이라는 것을 추론할 수 있다.

인물의 행동 비판하기

6 제시된 시는 정직하게 살기 위해 노력하고 다짐하는 내용이다. 이 시의 글쓴이는 문기에게 아무 거리낌 없는 떳떳한 삶을 살아가자고 말하는 것이 어울린다.

7 예시 답안 나타면 거스름돈을 더 받았을 때 그 자리에서 솔직하게 말하고 주인에게 돌려줄 것이다. 주인의 실수라는 것을 알면서도 그냥 받는 것은 내 양심을 숙이는 일이기 때문이다. '바늘 도둑이 소도둑 된다'라는 속담처럼 작은 것이라도 내 것이 아닌 것을 탐내면 나중에는 걷잡을 수 없게 된다.

:D	상황에 알맞은 행동과 그렇게 생각한 까닭을 적절한 내용으로 썼습니다.
:)	상황에 알맞은 행동을 썼으나, 그렇게 생각한 까닭을 적절한 내용으로 쓰지 못했습니다.
:(	상황에 알맞은 행동을 쓰지 못했습니다.

15

과학·기술 분야의 글

3회독 ★ 내가 표시한 내용과 예시 답을 비교하며 읽어 보세요.

파동 이야기

- 설명하고 있는 과학 개념에 ○
- 소리가 들리는 원리에 〜
- 새로 알게 된 내용에 [ ]

연못에 돌을 던져 보면

잔잔한 연못에 돌이 퐁당 떨어지면 물결이 규칙적인 무늬를 만들면서 사방으로 퍼져 나가는 것을 볼 수 있을 것이다. 그런데 이때 정말 물결이 움직여서 멀리까지 가는 것일까? 사실은 그렇지 않다. 물은 제자리에서 위아래로 출렁거릴 뿐 움직여서 멀리 가지는 않는다. 믿기지 않는다면 출렁거리는 물 위에 나뭇잎을 띄워 보라. 나뭇잎은 출렁거릴 때마다 물결을 따라 그 자리에서 아래 위로 왔다 갔다 할 뿐 이동하지는 않는다.

▲ 물결은 물이 이동하는 것이 아니라 제자리에서 위아래로 출렁거리는 것이다.

그렇다면 정말 아무것도 움직이지 않는 것일까? 분명히 사방으로 퍼지는 것이 있었는데…… 그것은 물이 아니라 어떤 움직임이다. 이 움직임을 '파동'이라고 한다.
설명하고 있는 과학 개념
한다. 파동은 진동이 일어날 때는 물결이 직접 움직이지 않고 에너지만 이동한다. 파동은 물체의 진동이 점점 옆으로 퍼지는 것이다.

▲ 파동은 물체의 진동이 점점 옆으로 퍼지는 것이다.

그럼 진동은 뭘까? 제자리에서 무언가가 떨리거나 일정하게 왔다 갔다 하는 게 바로 진동이다. 즉, 같은 운동이 반복되는 현상을 말한다. 나뭇잎이 제자리에서 움직이는 것도, 시계추가 왔다 갔다 하는 것도 다 진동이다. 용수철에 추를 매달고 잡아당겼다가 놓으면 추가 왕복 운동을 하는데, 이것도 진동 운동이다. 이러한 진동이 한 곳에서만 일어나지 않고 옆으로 자꾸 퍼져 가면 파동이 되는 것이다.
[진동은 한 곳에서만 일어나지 않고 옆으로 자꾸 퍼져 가면 파동이 되는 것이다.]
새로 알게 된 내용: 진동과 파동의 다른 개념이요.

▲ 진동은 제자리에서 무언가가 떨리거나 일정하게 왔다 갔다 하는 것이다.

아마 관중들의 파도타기 응원을 본 적이 있을 것이다. 처음 사람이 일어섰다 앉으면 옆의 사람이 차례로 파도치는 것 같은 움직임이 생긴다. 그러면 저절로 파도치는 것 같은 움직임이 생긴다. 이때 각각의 사람들은 진동을 했을 뿐이다. 제자리에서 일어섰다 앉

는 운동을 했으니까. 실제로 옆으로 움직인 사람은 없었느니데 물결치는 듯한 파도가 생긴 것이다. 이것이 바로 파동이다.

▲ 파도타기 응원은 각각의 사람들이 제자리에서 일어섰다 앉는 진동을 했으니나 물결치는 듯한 파동이 생긴 것이다.

소리는 어떻게 들릴까

소리는 물체가 진동하여 생기는 것으로 물체의 진동이 주변의 공기를 차례로 진동시켜 우리 귀에 도달하는 것이다.

우리가 말을 할 때 손으로 목을 만져 보면 말할 때마다 목의 성대가 떨리는 것
소리가 들리는 원리
을 느낄 수 있다. 성대가 떨리면 바로 옆에 있던 공기가 흔들린다. 그 다음에는 그 옆에 있던 공기가 떨리고, 또 그 옆에 있던 공기가 흔들리고, 이런 식으로 공기의 진동이 옆으로 전달되어 귀의 고막에 닿으면 고막을 진동시켜 우리가 소리를 듣게 되는 것이다. 귀 안에서 고막이 크게 흔들리면 소리가 크게 느껴지는 것이고, 고막이 작게 흔들리면 소리가 작다고 느낀다.

▲ 물체의 진동이 주변의 공기를 차례로 진동시켜 귀의 고막에 닿으면 고막을 진동시켜 소리를 듣게 되는 것이다.

이처럼 소리는 공기를 진동시켜 이동하므로 빛처럼 아주 빠르게 전달될 수는 없다. 빛은 1초에 지구 일곱 바퀴 반을 돌지만, 소리는 공기 중에서 1초에 약 340m 정도 이동할 수 있다. [소리는 진동하는 물체에 의해 생긴 공기의 진동이 퍼지는 파동이므로 음파라고 한다.]
새로 알게 된 내용: 소리는 진동이 퍼지는 파동이므로 음파라고 한다.

▲ 소리는 진동하는 물체에 의해 생긴 공기의 진동이 일종이므로 음파라고 한다.

핵심 읽기

1 파동　2 진동　3 소리　4 음파

★ 새로 알게 된 낱말이나 어려운 낱말을 써 보세요.

1 매질, 소리, 진동, 파동   2 ④   3 (1)① (2)② (3)③   4 승민
5 (2)○   6 (1)진동 (2)파동   7 예시 답안 참고

설명 대상 알기

1 이 글을 읽고 알 수 있는 개념이나 원리를 찾아본다.
· 매질: 파동은 물질을 통해 전달되는데, 파동을 전달하는 물질을 매질이라고 한다.
· 소리: 소리는 물체가 진동하여 생기는 것으로 물체의 진동이 주변의 공기를 차례로 진동 시켜 우리 귀에 도달하는 것이다.
· 진동: 제자리에서 무언가가 떨리거나 일정하게 왔다 갔다 하는 게 진동이다. 즉, 같은 운동이 반복되는 현상을 말한다.
· 파동: 물체의 진동이 점점 옆으로 퍼지는 것이 파동이다. 파동이 일어날 때는 물질이 직접 움직이지 않고 에너지만 이동한다.

세부 내용 파악하기

2 파도타기 응원에서 각 사람들이 움직이는 진동의 모습을 보여 준다. 제자리에서 일어났다 앉는 운동을 했을 뿐이기 때문이다.

과학 개념 이해하기

3 ㉠'공기'는 파동을 전달하는 물질이므로 '매질'이고, ㉡'성대가 떨리는 것'은 같은 운동이 반복되는 현상으로 '진동'에 해당한다. ㉢'공기의 진동이 옆으로 전달되는 것은 진동이 점점 옆으로 퍼지는 '파동'에 해당한다.

과학 개념 적용하기

4 북을 치면 가죽의 진동이 주변의 공기를 차례로 진동시켜 우리 귀에 도달하여 소리가 들리는 것이라고 설명한 승민이의 말이 알맞다. 목의 성대가 떨려 그 진동을 전달하는 매질인 공기가 없으면 소리는 들리지 않으므로 예슬이의 말은 알맞지 않다.

글에 드러나지 않은 내용 추론하기

5 ㉮에서 소리가 빛보다 느린 까닭을 설명하였다. 이를 통해 천둥번개가 칠 때 번개가 먼저 번쩍하고, 이어서 천둥이 울리는 까닭을 설명할 수 있다.

적용하기

6 제자리에서 무언가가 떨리거나 일정하게 왔다 갔다 하는 것을 '진동', 이 진동이 점점 옆으로 퍼지는 것을 '파동'이라고 하였다. 지진이 발생하면 지층이 끊어지면서 진동이 진원에서부터 시작하여 사방으로 퍼져 나가는 이 파동을 지진파라고 한다.

7 예시 답안 (1) 우리가 말을 할 때 목의 성대가 떨린다는 것을 알고 있었다. 그리고 체육 대회 때 파도타기 응원을 해 본 적이 있어서 옆 사람을 잘 보고 있다가 때에 맞춰 제자리에서 일어났다 앉는 것을 알고 있었다.

(2) 성대가 떨리면 바로 옆에 있던 공기가 흔들린다는 것이 신기하다. 눈에 보이지 않는 공기의 진동으로 소리를 듣게 된다는 것을 알게 되었다. 그리고 파도타기 응원에 진동과 파동이라는 과학 개념을 적용할 수 있다는 것도 재미있었다. 파도타기 응원에서는 각각의 사람들이 매질의 역할을 한 것이다.

(>.<)	과학 개념에 대한 이해를 바탕으로, 이미 알고 있던 내용과 새로 알게 된 내용을 알맞게 정리하여 썼습니다.
(:)	과학 개념에 대한 이해를 바탕으로, 이미 알고 있던 내용이나 새로 알게 된 내용 중 한 가지만 알맞게 정리하여 썼습니다.
(:( )	과학 개념을 제대로 이해하지 못하고, 이미 알고 있던 내용이나 새로 알게 된 내용을 알맞게 정리하여 쓰지 못했습니다.

16

시조의 특징

- 시조에 등장하는 자연물에 ○
- 글쓴이가 '벗'이라 한 것에 ~~~
- 종장의 첫 세 글자 예[　]

+ 내가 표시한 내용과 해석 담당 교과하며 읽어 보세요.

오우가

제1수
내 벗이 몇인가 하니 수석과 송죽이라.
동산에 달 오르니 그 더욱 반갑고야.
[두어라] 이 다섯밖에 또 더하여 무엇하리.
　종장의 첫 세 글자

제2수
(구름) 빛이 좋다 하나 검기를 자주 한다.
자연물
(바람) 소리 맑다 하나 그칠 적이 하노매라.
[좋고도] 그칠 뒤 없기는 (물)뿐인가 하노라

제3수
(꽃)은 무슨 일로 피면서 쉬이 지고
(풀)은 어이하여 푸르는 듯 누르나니
[아마도] 변치 않는 건 (바위) 뿐인가 하노라.

제4수
더우면 (꽃) 피고 추우면 (잎) 지거늘
(솔)아 너는 어찌 눈서리를 모르느냐.
[구천에] 뿌리 곧은 줄을 그로 하여 아노라.

제5수
(나무)도 아닌 것이 (풀)도 아닌 것이
곧기는 뉘 시켰으며 속은 어이 비었느냐.
[저리고] 사계절 푸르니 그를 좋아하노라.
대나무

제6수
작은 것이 높이 떠서 만물을 다 비치니
달
밤중의 광명이 너만한 이 또 있느냐.
[보고도] 말 아니하니 내 벗인가 하노라.

+ 새로 알게 된 낱말이나 어려운 낱말을 써 보세요.

제1수
'물, 바위, 소나무, 대나무, 달'이 '내' 벗이다. 다섯 벗만 있으면 다른 것이 없어도 충분하다.

제2수
구름은 자주 검어지고 바람은 불었다 그쳤다 하는데, 맑은 물은 그치지 않고 계속 흐른다.

제3수
꽃은 피었다 지고 풀은 푸르렀다가 누렇게 시드느데, 바위는 변하지 않는다.

제4수
꽃은 따뜻해지면 피고 잎은 추우면 지는데, 소나무는 눈과 서리에도 푸르고 뿌리가 곧다.

제5수
대나무는 곧고 속은 비어 있으며 사계절 푸르기 때문에 좋아한다.

제6수
달은 높이 떠서 만물을 밝고 환하게 다 비추고, 보고도 말을 아니하는 과묵한 벗이다.

정리하기

1 바위　2 뿌리　3 달

1 (3) X **2** (1) 구름, 꽃, 바람, 물, 바위, 소나무
3 (1) ③ (2) ①, ② **4** (1) 두어라 (2) 좋고도 (3) 아마도 (4) 구전에
(5) 저리고 (6) 보고도 **5** ⑤ **6** ① **7 예시답안** 참고

시조의 특징 알기

1 '물, 바위, 소나무, 대나무, 달'이라는 다섯 가지 자연물을 벗에 비유하여 사람처럼 표현하였다. 그리고 이 다섯 가지 자연물이 가진 좋은 점에 대해 예찬하였다.

· '예찬하다: 무엇이 훌륭하거나 좋거나 아름답다고 찬양하다.

글감의 의미 파악하기

2 '구름, 꽃, 바람, 잎, 풀'은 변하거나 순간적이라는 특성을 가지고 있으며, 이와 대조적으로 '대나무, 물, 돌, 바위, 소나무는 변하지 않고 영원하다는 특성을 가지고 있다.

시조의 짜임 파악하기

3 제2, 3수는 중장과 종장에서 빗과는 대조적으로 변하는 특성을 가진 자연물을 이야기하고, 중장에서 자신이 좋아하는 특성을 가진 벗을 예찬하고 있다.

시조의 형식 이해하기

4 시조의 종장 첫 세 글자는 반드시 지켜야 한다.

---

5 글쓴이의 마음 짐작하기

「오우가」는 여러 차례 가상상이를 했던 윤선도가 노년에 고향으로 돌아와 정치와 거리를 두고 자기 수양에 힘을 때 지은 시조이다. 이 시조에서 자연은 어지러운 세상과 대비되어 깨달음을 얻는 공간이자 예찬할 대상으로 표현되었다.

6 추론하기

'깨끗하고 그치지 않는 물'은 '깨끗하고 맑은 상태로 영원히 흐르는 물'의 특성을 예찬한 것으로 변하지 않는 선비의 모습과 잘 지을 수 있다.

7 예시답안 빗물이 바다로

산속을 헤매고 돌다리를 지나며
강으로 굽이굽이 더 가면 바다란다
한없이 넓어진 품에서 거침없는 파도를

😆	담고 싶은 모습을 지닌 자연물을 글감으로 하여 시조를 지었으며, 종장의 첫 세 글자를 잘 지켜 썼습니다.
🙂	담고 싶은 모습을 지닌 자연물을 글감으로 하여 썼으나, 종형시라는 것이 잘 드러나지 않습니다.
🙁	담고 싶은 모습을 지닌 자연물을 글감으로 하지 못하였고, 종형시라는 것도 잘 드러나지 않습니다.

17

인문·예술
보이는 글

- 글쓴이가 알려 주고자 하는 대상에 ○
- 각 교역로의 특징에 ～～～
- 새로 알게 된 내용에 [　]

3 회독 → 내가 표시한 내용과 해설지 교재와 비교하며 읽어 보세요.

동서 교역로

지금은 클릭 몇 번으로 다른 나라의 물건을 쉽게 구매할 수 있다. 심지어 외국 영화 콘텐츠나 외국 가수의 음악도 연제도 보고 들을 수 있다. 하지만 과거에는 지금처럼 운송 수단이 발달하지 않았고, 인터넷도 없었기 때문에 나라 간 교류가 쉽지 않았다. 그럼에도 '(동서 교역로)'가 있었기 때문에 인류의 문화와 문명이 아주 쉽게 연결되고 발전할 수 있었다.

▲ '동서 교역로'가 있었기 때문에 인류의 문화와 문명이 아주 오래전부터 연결되고 발전할 수 있었다.

선사 시대부터 유목민들의 이동 생활을 하며 생긴 '(조원길)'은 중앙아시아의 광활한 초원을 가로지른다. 조원길은 아시아에서 유럽에 이르는 길 중 가장 평탄하고 빠른 길이었기 때문에 제일 먼저 동서 교역로로 이용되었다. 다양한 물건과 문화가 오고 가는 유용한 통로인 조원길을 가진 사람은 정치적 이득과 권력을 가질 수밖에 없었다. 그래서 서쪽 지역의 상인들은 주로 조원길을 독점적으로 이용할 수 있는 권한을 가졌다.

▲ 조원길은 가장 평탄하고 빠른 길이었기 때문에 제일 먼저 동서 교역로로 이용되었다.

하지만 [일부 상인과 유목 민족 간의 거래로 인해 다른 상인들은 조원길을 이용하기 위해 비싼 통행료를 내야 했다. 이에 많은 사람이 부담을 느끼면서 또 다른 교역로가 필요해졌고, '(비단길(실크로드))'이 개척되었으며 이 길을 만드는 데에 더 많은 시간과 비용이 이용한 비용이 들었다.] 하지만 동서 교역로 중에서 가장 중요한 것이라고 평가되고 있다.

▲ 비단길은 매우 험난했지만 막대한 통행료를 지불하지 않아도 되어 오랫동안 많은 사람이 이용하였다.

비단길은 그 명성에 걸맞게 중국 한나라의 수도였던 장안에서 시작해서 지중해까지 매우 길게 이어지며, 동서 교역에 약 1,500년간 사용되었다. 이 길을 통해 중국의 비단, 차, 도자기 등이 서양으로 수출되었고 서양의 향신료, 보석, 유리 제품 등을 중국으로 수출할 수 있었다. 이를 통해 동서양의 경제가 활성화되면서 양쪽 모두 많은 부를 축적할 수 있었다. 또한 불교, 이슬람교, 기독교 등의 종교가 전파되거나,

서로 다른 지역의 예술 양식이 결합하여 새로운 예술 형태가 탄생하기도 했다. 종이, 인쇄술, 화약 등이 중국 기술이 서양으로, 서양의 전문가, 수학 등의 지식이 동양으로 전해지면서 기술 발전에도 크게 도움이 되었다. 그러나 비단길의 역사 유목 민족이 일부 구간을 차지하여 상인들에게 통행료를 받거나, 상인들을 약탈하는 일이 빈번하게 일어나면서 상업 활동에 지장을 주었다.

▲ 동서 교역에 약 1,500년간 사용된 비단길을 통해 중국의 비단, 차, 도자기 등이 서양으로 수출되었고, 서양의 향신료, 보석, 유리 제품 등을 중국으로 수출하였다. 또한 종교와 예술 양식에도 서로 영향을 끼쳤다.

이 시기 항해술과 선박 기술의 발달하면서 배를 통해 주요 향구 도시들을 경유하며 동서양이 교류한 '(바닷길)'이 생겼다. 자연재해와 해적의 위협이 있었지만 육로와 달리 선박, 사막, 강 등 지리적 장애물을 극복할 필요가 없기 때문에, 더 많은 양의 상품을 더 빠르고 편리하고 일관된 속도로 운반할 수 있다는 것이 장점이었다. 바닷길의 등장은 오히려 항해술, 선박 제작 기술의 발전에 더 박차를 가하게 하고, 해양 탐험과 무역 발전 또한 촉진했다. 바닷길은 오늘날에도 국제 무역과 경제 협력에서 중요한 역할을 하고 있다.

▲ 항해술과 선박 기술이 발달하면서 생긴 바닷길은 배를 통해 더 많은 양의 상품을 더 빠르게 운반할 수 있었다.

과거에 만들어진 동서 교역로는 지금도 그 역사적 가치와 의미를 인정받고 있어 많은 연구가 이루어지고 있다. [단순한 무역로가 아니라 동서양의 문화를 연결하는 중요한 역할을 했고, 이를 통해 인류가 서로의 문화를 이해하고 정체·사회·문화·기술적으로 큰 발전을 이루었기 때문이다. 물론 이런 점들은 우리 전성도 있었지만, 이런 과정을 통해 평화와 협력의 더 나은 미래를 만들 수 있다는 교훈도 남겨 주었다.] 과거의 다양성을 존중하려는 노력의 연결하는 중요한 역할을 했다.

▲ 동서 교역로는 단순한 무역로가 아니라 동서양의 문화를 연결하는 중요한 역할을 했다.

요즘알개

1 조원길　2 비단길　3 바닷길　4 동서 교역로

★ 새로 알게 된 낱말이나
어려운 낱말을 써 보세요.

1 (3)○ **2** ③ **3** (1)③ (2)① (3)② **4** (1)× **5** 지안
6 ③ **7** 예시 답안 참고

중심 내용 파악하기

1 이 글은 조원길, 비단길, 바닷길로 대표되는 동서 교역로의 역사적 가치와 의미에 대해 설명하고 있다.

세부 내용 파악하기

2 바닷길은 자연재해와 해적의 위험이 있었으나 많은 물건을 더 빠르고 일관된 속도로 운반할 수 있다는 장점이 있었다. 그리고 오늘날에도 국제 무역과 경제 협력에서 중요한 역할을 하고 있다.

세부 내용 파악하기

3 조원길은 동서양이 교류할 수 있는 가장 빠르고 평탄한 길에 대한 필요성 때문에 생겼고, 비단길은 조원길을 이용하기 위해 비싼 통행료를 내게 되면서 생겼으며, 바닷길은 항해술과 선박 기술이 늘어 발달하면서 생겨났다.

인문분야 글의 특징 읽기

4 이 글에 나타난 인문 분야 글의 특징으로 알맞지 않은 것은 (1)이다. 인류가 동서 교역로를 만들고 점차 발전시킨 과정을 직접 체험을 보도록 권하고 있지 않다.
이 글은 동서 교역로의 역사적 가치와 의미에 대해 일러 주고자 쓴 글로, 동서 교역로를 통해 인류의 문화와 문명이 아주 오래전부터 연결되고 발전될 수 있었다는 것에 대해 설명하였다.
(2), (3)의 내용은 글의 마지막 문단에 나타나 있다.

비판하며 읽기

5 '이런 재앙을 위한 전쟁도 있었지만, 이런 과정을 통해 평화와 협력이 더 나은 미래를 만들 수 있다는 교훈도 남겨 주었다.'라는 부분에 나타난 글쓴이의 관점을 지안이가 바르게 이해하고 말한 것이다.

• 운송 수단이나 인터넷이 발달하기 전에도 동서 교역로를 통해 다양한 문화가 교류가 이루어졌기 때문에 예술만이 않은 알맞지 않다.
• 동서 교역로를 통해 종교나 예술 양식 등이 문화 교류도 활발하게 이루어졌기 때문에 흐름이의 말은 알맞지 않다.

질문하며 읽기

6 몽골 제국이 유럽까지 영정을 떠날 때 조원길을 이용했다는 내용으로 알맞지 않다.
나타나 있기 때문에 더 알아보고 싶은 내용으로 **보기**에

7 **예시 답안 1** 비단길을 오가면서 가장 힘들었던 점은 무엇인가요? / 비단길
을 통해 동서양이 거래하려던 품목 중 가장 인기 있었던 품목과 그 까닭은 무
엇인가요? / 비단길에서 가장 위험했던 상황이나 가장 기억에 남는 일이
있었다면 이야기해 주세요. 등

예시 답안 2 비단길의 주요 교역품은 값비싼 중국 비단과 도자기라는 것을
알게 되었어요. 이런 물건을 노리는 산적과 유목민의 횡포와 위협과 험난
한 지형이 상인들을 힘들게 했을 것 같아요. 그런 어려움을 겪으며 동서양
을 연결하는 통로 역할을 했다는 것을 알고 나니 상인들이 존경스러웠어요.

>:D	비단길을 오가던 상인들에게 궁금한 점이나 하고 싶은 말을 알맞게 떠올려 썼습니다.
:)	비단길을 오가던 상인들에게 궁금한 점이나 하고 싶은 내용 일부만 있습니다.
:(	비단길을 오가던 상인들이 상황과 전혀 상관없는 내용을 질문하고 싶은 말을 썼습니다.

18

정서 표현의 글, 수필

옛길

3 회독 ★ 내가 표시한 내용과 예시 답을 비교하며 읽어 보세요.

- 일이 일어난 때를 나타내는 말에 ○
- 생각이나 느낌이 잘 드러난 부분에 ～～
- 글쓴이의 깨달음이 드러난 부분에 [ ]

★ 새롭게 알게 된 낱말이나 어려운 낱말을 써 보세요.

아버지는 하급 공무원이셨다. 그런데 대인관계가 워낙 좋으셨던 데다 성북동이 라는 부자 동네에서 근무하시는 바람에 지인들은 모두 장부급의 부자나 고관대작 들이었다. 덕분에 가족 모임이 있을 때면 남산의 하이아트 호텔에서 뷔페를 먹고, 프랑스 요리 전문 식당에서 하는 계모임에 따라가고, 삼청동의 으리으리한 갈빗집 대단지에서 일 년이면 두 번씩 공짜로 갈비를 뜯으며 (어린 시절)을 보냈다.

아버지가 그런 좋은 곳에 우리를 데려가실 때면 지금도 잊을 수 없는 차 냄새 5323을 단 포시 자동차에 우리 가족들을 태우고 늘 성북동 북악스카이웨이로 해 서 가셨다. 카다랗고 아름다운 주택가 사이에 난 그 길은 봄이면 개나리와 벚꽃들 이 무성하게 피어 달리는 것만으로도 기분이 싱그러워지는 곳이었고, 밤이면 서울의 야경이 손아 내는 수수한 불빛이 내려다보이던 멋진 풍경을 지닌 길이었다. (중략)

▲ 어린 시절, 아버지는 성북동에서 근무하셨고, 좋은 음식점에 데려가실 때면 북악스카이 웨이로 해서 가셨다.

시간이 또다시 흐르고 내가 조금 더 (어른이 되어) 내 힘으로 돈을 벌고 내 자동 차가 생기게 되었을 때 나의 출퇴근길은 항상 일정했다. 북악스카이웨이로 해서 성북동 길로 빠져서 삼청동 쪽으로 나가는, 아버지가 어린 시절 늘 우리 가족을 태우 고 다니셨던 그 길. 조금만 올라가면 꿈이 접이 있고 팔각정과 대원각이 있던 바로 그 길이었다.

카다랗으로 보자면 출퇴근길은 돌아가는 코스였지만 난 아무리 늦거나 피곤해도 언제나 그 길로만 다녔다. 그 길을 지날 때마다 잠시나마 어린 시절로 돌아갈 수 있는 유일한 순간이기 때문에 있었다.

▲ 어른이 된 '나'는 북악스카이웨이로 해서 출퇴근을 하면서 잠시나마 어린 시절로 돌아 간다.

(재작년 아버지의 칠순 때) 아버지는 잔치를 거부하셨다. 그래서 잔치는 그만두 고 조촐하게 가족끼리만 식사를 하기로 했는데 그때 내가 우겨서 간 곳이 삼청각 이었다. 그곳은 대원각이 없어져서 사업이 된 이후, 성북동에 남아 있는 거의 유일 한 한식집이었다. 그곳에서 아버지의 칠순 잔치를 해 드리던 날. 비가 부슬부슬 내 리는 속에서 우리 가족들은 식사를 마치고 우산을 나눠 쓴 채 삼청각 안을 거닐며 그 옛날 그랬던 것처럼 성북동의 야경을 감상했다.

"아...... 멋지다." 어머니가 실로 오랜만에 말씀하셨다.

나는 궁금했다. 식구들이 나만큼 감동을 느끼고 있을지. (중략)

▲ 재작년 아버지의 칠순 때, 내가 우겨서 삼청각에서 식사를 했다. 식구들도 '나'만큼 감 동을 느끼고 있을지 궁금했다.

엄마를 별어야 그때 그 시절로 돌아갈 수 있을까. 아마도 나의 감동은 채워질 수 없을 것이다. 제아무리 많은 돈을 번다 해도 그때로 돌아가기란 불가능할 테니까.

다만 나는 올해 아머니 칠순 때도, 성북동의 조금은 비싼 음식점에서 잔치를 해 드 릴 수 있을 만큼의 돈이 내게 있길 바란다. 변함없이 출퇴근길로 이용하고, 그곳에 서 있는 카다랗고 아름답던 집들을 보며 부모님과 함께 되길 여전히 꿈꾸고, 어린 시절 누이들과 다녔던 주억을 아스라이 되새기는 그곳 성북동에서.

[사람이 일평생 유년의 기억에 지배를 받는다는 사실은 불행일까 행복일까. 그 리움에 젖어 돌아갈 수 없는 시절을 그리워한다는 것으로만 보면 불행일 것이고, 그리워할 대상이 있다는 것은 또한 행복일 것이다.]

▲ 다시 돌아갈 수 없는 어린 시절의 추억을 아스라이 되새기며 살아가는 것이 불행일지 행복일지 생각해 보았다.

생각 넓히기

1 성북동 2 어른 3 추억

1 ①, ② **2** ②, ④ **3** (2)○ **4** 엄마를 **5** ④
6 예시 답안 참고

글의 전개 방식 알기

1 이 글은 글쓴이가 어린 시절에 있었던 일을 어른이 되어서 회상하며 출퇴근을 하는 이야기, 아버지의 점순 때 이야기 등을 시간의 흐름에 따라 풀어내 있다. 글쓴이는 다시 돌아갈 수 없는 어린 시절의 추억의 주어에 대해 말하고 있다.

낱말의 뜻 파악하기

2 ⑦'바람'은 '는 바람에' 구성으로 쓰여 뒷말의 근거나 원인을 나타내는 말이다. 이와 같은 뜻으로 쓰인 것은 ②와 ④이다.
① 기압의 변화나 사람이나 기계에 의하여 일어나는 공기의 움직임.
③ 어떤 일이 이루어지기를 기다리는 간절한 마음.
⑤ 사회적으로 일어나는 일시적인 유행이나 분위기 또는 사상적인 경향.

글쓴이가 하고자 하는 말 파악하기

3 글쓴이가 어른이 되어서도 아버지가 늘 우리 가족을 태우고 다니셨던 그 검은 출퇴근을 하고, 어린 시절에 살았던 동네에서 아버지의 검은 산차를 한 것 모두 그때에 그 시절이 그려왔기 때문이다.

겪은 일과 생각이나 느낌 구분하기

4 마지막 두 문단에 글쓴이의 생각이나 느낌이 나타나 있다. '엄마를 뿜어야 그때 그 시절로 돌아갈 수 있을까.' 부분이다.

적용하기

5 제시된 글은 이삿짐 대가 디즈니 영화를 보며 추억에 잠긴다는 내용이다. 글쓴이가 어린 시절의 추억을 그리워하는 것처럼 다른 사람에게도 추억의 대상이 있다는 것을 알 수 있다.

6 예시 답안1 나의 추억의 장소는 학교 앞 분식점이다. 1, 2학년 때는 분식점에 들어가고 싶어도 용기가 안 나서 쳐다만 보다가 3학년 때 겁은 반 친구들과 용기를 내어 들어갔다. 2년이나 눈치만 보고 기다렸다가 먹은 떡볶이라서 그런지 정말 맛있었다. 그다음부터는 단골이 되어 자주 갔더니 비 오는 날 우산도 챙겨 주시고, 떡볶이도 더 많이 주시고, 따뜻하게 대해 주셨다. 그러다가 이번 방학이 끝나고 나 학교에 갔더니 분식점이 문을 닫았다. 시장님과 인사도 못 하고 헤어진 것이 너무 아쉽고, 매콤달콤한 떡볶이 맛이 그립다.

예시 답안2 내가 유치원에 다닐 때 아버지와는 동대문 시장에서 장사를 하셨다. 장사꾼이 오레 그렇듯 주말도 없이 일하시던 아버지는 일요일만 되면 엄마와 나를 시장으로 부르셨다. 그리고 가게 문을 일찍 닫고 냉면을 사 주셨는데 새콤달콤 시원한 국물 맛이 아직도 잊히지 않는다. 자주 얼굴을 볼 수 없었던 아버지와 함께라서 열심히 먹었던 기억이 난다.

	추억의 장소나 대상을 떠올려 생각이나 느낌이 잘 드러나게 썼습니다.
	추억의 장소나 대상을 떠올려 썼으나, 왜 그 장소나 대상을 떠올러 쓴 것인지 생각이나 느낌이 잘 드러나지 않습니다.
	추억의 장소나 대상을 알맞게 떠올려 쓰지 못했습니다.

19 글쓴이의 의도나 관점

독해

중심 글감에 ○
중심 문장에 ~~~
글쓴이의 의견이
나타난 부분에 [ ]

★ 새로 알게 된 낱말이나
어려운 낱말을 써 보세요.

3회독 ★ 내가 표시한 내용과 예시 답을 비교하며 읽어 보세요.

건강 관리도 즐겁게

과거에는 힘겹게 운동하며 건강을 관리하고 먹는 즐거움을 절제하며 다이어트를 하였다. 10년 전만 해도 2주 동안 삶은 달걀과 식빵만 먹으며 고단백 저탄수화물 섭취하는 덴마크 다이어트나 토마토, 바나나, 닭가슴살 등 한 가지 음식만 먹으며 체중을 조절하는 원 푸드 다이어트가 유행하였다. 먹는 것을 포기하고 비교하며 참으며 건강 관리를 위해 노력한 것이다.

▲ 과거에는 힘겹게 운동하며 먹는 것을 포기하고 절제하며 건강 관리를 하였다.

중심 문장
'노력하는 자는 즐기는 자를 이기지 못한다.'라는 말을 들어 보았는가? 무엇이든 즐겁게 하는 것이 더 좋은 결과를 낼 수 있다는 말이다. 이제는 노력하고 참는 건강 관리가 아니라 즐기는 건강 관리가 대세인 것이다. 1인 가구의 증가와 건강과 보인에 대한 중요성이 커지면서 경험과 재미를 추구하는 젊은 세대들이 '헬시플레저' 열풍을 주도하고 있다.

중심 글감
Healthy(건강한)와 Pleasure(즐거움)의 합성어로, 건강을 즐겁게 관리한다는 뜻이다. 최근에는 건강을 즐겁게 관리하는 '헬시플레저' 열풍이 불고 있다.

▲ 최근에는 건강을 즐겁게 관리하는 '헬시플레저' 열풍이 불고 있다.

지속 가능한 건강 관리를 추구하는 사람들은 힘겹게 운동하지 않고 즐겁게 운동한다. 과거에는 헬스장에서 운동 기구를 사용하여 스스로의 한계에 도전하는 운동이 주를 이뤘다면, 요즘은 배드민턴, 클라이밍, 수영, 테니스 등 자신이 좋아하는 운동을 다양하게 즐긴다. 또한 혼자 운동하지 않고 마음이 맞는 사람들과 모여 운동 동호회를 꾸려 함께 운동한다. 함께 운동하며 운동의 즐거움뿐만 아니라 그 자체를 이하는 재미까지 얻을 수 있다. 사람들은 자신의 운동 기록을 공유하는 그 자체를 즐기는 모습도 보인다. 사회관계망 서비스[SNS]의 발달로 자신의 일상생활을 공유하는 사람이 많아지면서 운동 성과도 예외가 아니다. 오늘도 운동을 완료했다는 의미의 '#오운완' 해시태그를 달며 스스로의 운동을 기록하는 것이다. 이렇게 성과를 기록하여 공유하는 사람들은 스스로 뿌듯함도 느끼고 꾸준히 할 수 있는 원동력을 얻는다고 말한다.

▲ 자신이 좋아하는 운동을 다양하게 즐기고, 마음이 맞는 사람들과 모여 함께 운동한다. 운동 성과를 SNS에 공유하며 뿌듯함도 느끼고 꾸준히 할 수 있는 원동력을 얻는다.

맛이 없는 음식도 건강을 위해 꾹 참고 먹거나 굶으며 다이어트를 하던 과거와 비교했을 때, 요즘은 맛있고 건강한 음식을 즐기려는 경향을 보인다. 건강을 위해 칼로리는 낮추되 맛있게 먹기 위해 군위 떡볶이, 두부면 파스타 등의 음식이 많이 출시되고 있다. 또한 자신이 개발한 다이어트 음식 만드는 방법을 SNS에 공유하기도 하고, 그 내용을 보고 따라 만들어 보는 사람도 많다. 실제로 헬시플레저가 유행한 후 질병 관리청의 2021년 국민 건강 영양 조사 결과에 따르면 우리나라 국민은 가공식품을 통해 34.6g의 당류를 섭취한다고 한다. 이는 하루 총 열량의 7.5%로 세계 보건 기구의 권고 기준인 10%보다 낮다. 건강한 식생활을 즐기면서 당류 섭취가 줄어든 것이다.

▲ 맛있고 건강한 음식을 즐기려는 경향을 보이고, 자신이 개발한 다이어트 음식 만드는 방법을 공유하고 따라 만들어 보기도 한다.

글쓴이의 의견이 나타난 부분
[노력하는 사람은 좋은 결과를 만들어 낸다. 하지만 과정을 즐기는 사람은 더 좋은 결과를 내기 위해 다양하게 생각하고 시도하면서 더 큰 성공을 이뤄낸다. 즐기는 자가 성공한다는 말은 운동, 공부 등 여러 분야에 적용할 수 있는데 건강 관리에서도 예외가 아닌 듯하다. 무엇이든 즐기면서 한다면 과정도 결과도 만족스러우며 건강 관리도 과정을 즐기면서 한다면 과정도 결과도 만족스러울 것이다.]

▲ 건강 관리도 과정을 즐기면서 한다면 과정도 결과도 만족스러울 것이다.

문제 정리

1 헬시플레저   2 원동력   3 과정

128~129쪽

1 ②   2 ④   3 (3) ○   4 한틀   5 즐기면서   6 준우
7 예시 답안 참고

세부 내용 파악하기

1 먹는 것을 포기하고 배고픔을 참으며 건강을 관리하는 것은 과거의 다이어트 방식이다.

① → 오늘도 운동을 완료했다는 의미로 '#오운완' 해시태그를 달아 SNS에 올리는 것, 다이어트 음식 만드는 방법을 SNS에 공유하는 것 모두 헬시플레저 열풍이 반영된 예이다.
③ → 2문단에 나타나 있다.
④ → 3문단에 나타나 있다.
⑤ → 질병 관리청의 2021년 국민 건강 영양 조사 결과에 따르면 건강한 식생활을 즐기면서 과도한 당류 섭취가 줄었다고 하였다.

문맥 파악하기

2 '무엇이든 즐겁게 한다면 꾸준히 노력하여 더 좋은 결과를 낼 수 있다는 말이다.'라는 문장이 뒤에 이어지는 것으로 보아, '노력하는 자는 즐기는 자를 이기지 못한다.'라는 문장이 ⊙에 들어가는 것이 어울린다.

글쓴이의 의도나 관점 파악하기

3 이 글은 건강을 즐겁게 관리한다는 뜻이 '헬시플레저'를 소개하면서 건강 관리도 즐겁게 하자고 권하고 있다.

글쓴이의 의도나 관점 파악하기

4 이 글은 건강 관리도 과정을 즐기면서 하면 만족감과 성취감이 모두 높아진다는 것을 말하고 있다. 한틀이가 과정을 즐기며 바이올린을 연주한 경험을 말하고 있다.

예술이와 서연이는 노력의 중요성과 관련된 경험을 말하였다.

적용하기

5 제시된 글은 대한민국 높이뛰기 선수가 즐기면서 운동을 하였더니 좋은 결과가 따라왔다는 내용의 인터뷰이다.

반론하기

6 이 글에 나타난 글쓴이의 의견에 대한 반론은 즐기면서 할 수 없는 일도 있기 때문에 참고 견디며 하는 노력도 존중해야 한다고 말한 준우의 의견이 적절하다.

즐기며 할 수 없는 일은 빨리 포기할수록 좋다고 말한 지안이의 의견은 글쓴이의 의견에 대한 반론이 아니다.

7 예시 답안 글쓴이는 건강 관리도 즐겁게 하면 만족감과 성취감이 높아지고, 그에 따른 결과도 좋을 것이라고 말하였다. 나도 글쓴이의 의견에 동의한다. 즐겁지 않은 일을 노력을 하는 것도 힘들다. 내 경우에는 태권도가 그랬다. 처음에는 재미있었는데 대회 준비를 하면서부터 실력이 크게 늘지 않자 연습이 힘들고 지루해졌다. 재미있게 도전하는 친구들은 열심히 실력이 부쩍 느는 것이 내 눈에도 보였다. 제미있으니까 연습도 더 적극적으로 해서 그런 것 같았다. 모든 일을 즐겁게 할 수는 없겠지만, 즐겁게 할 수 있는 방법을 찾으려고 노력해야겠다.

(>D)	글쓴이의 의견을 정리하고, 그에 대한 내 생각을 알맞은 문장으로 썼습니다.
(:|)	글쓴이의 의견은 정리하여 썼으나, 그에 대한 내 생각을 알맞은 문장으로 쓰지 못했습니다.
(:()	글쓴이의 의견과 그에 대한 내 생각을 알맞게 정리하여 쓰지 못했습니다.

20 시나리오의 특징

- 희곡임을 알 수 있는 부분에 ○
- 시나리오임을 알 수 있는 부분에 ～
- 중심 사건에 [ ]

★ 새로 알게 된 낱말이나 어려운 낱말을 써 보세요.

3회독 ★ 내가 표시한 내용과 예시 답을 비교하며 읽어 보세요.

명량 대첩

가 어두워졌던 (무대)가 서서히 밝아지며, 이순신이 장수들과 함께 지도를 살펴보고 있다. 긴장감이 느껴진다.

이순신: (진지하게) 상황이 어려운 것을 알고 있다. 하지만 우리에게는 아직 열세 척의 배가 있다. 우리는 꼭 이겨서 이 바다와 조선을 지켜야 한다.

장수 1: (두려운 목소리로) 하지만 우리의 수는 너무 적고, 왜군은 너무 많습니다.

이순신: (강하게) 그러나 더 신중해야 한다. (지도를 가리키며) [우리는 울돌목에서 싸울 것이다. 이곳은 물살이 아주 빠르고 좁아, 왜군이 한꺼번에 몰려올 수 없다. 울돌목에서 싸운다면 충분히 승산이 있다.]

장수 2: (의아하게) 하지만 장군, 울돌목의 물살은 우리에게도 위험하지 않습니까?

이순신: (고개를 끄덕이며) 그렇지. 하지만 우리는 이 바다를 믿고 있다. (옆에서) 전 목소리로, 우리의 목표는 정오까지 버티는 것이다. 정오 이후로 바다가 우리 편이 될 것이다.

▲ 이순신이 장수들과 전투를 준비하며 울돌목에서 왜군과 싸우기로 하였다.

나 S# 97. 명량 바다 / 오전
시나리오임을 알 수 있는 부분(영화의 구성단위인 장면)

바다 위에 이순신의 배가 떠 있다. 이순신은 비장한 표정으로 서 있다.

이순신: (장수들을 둘러보며) 죽고자 싸우는 자는 살 것이오, 살고자 싸우는 자는 죽을 것이다. 우리에게 물러섬은 없다. 죽기로 싸워라!

바다 멀리 일본군이 보이기 시작한다. 일본군의 함대는 그 수가 많아 바다를 다 덮은 것처럼 보인다. 바다를 가르며 일본군이 점점 다가온다. 조선군의 얼굴에 두려움이 스쳐 간다. 일본군이 우리 배를 에워싸려 하자 조선군이 당황하고 싸우려 하지 않는다.

이순신: (다급하게) 절대 넓은 바다로 밀려나면 안 된다! 앞위는 당장 앞으로 나아가 싸우라! 김응함은 적진으로 돌진하라!

S# 98. 명량 바다 / 정오

하늘의 해가 어느덧 머리 가운데로 비춘다. 조선군은 바닷물의 흐름이 남동쪽으로 바뀌는 모습을 확인한다.

이순신: (기쁜 목소리로) 드디어 때가 왔다! 이제 바다도 우리를 돕는다. 모든 군사는 공격하라!

[바뀐 물살에 우왕좌왕하며 정렬이 흐트러지는 일본군. 우리 함선에서 우리 쪽 포 소리가 나며 포가 발사된다. 그 뒤를 군인들의 함성이 뒤섞인다. 일본군의 함선이 에는 불길이 치솟고 당황하는 일본군의 모습이 보인다.]

이순신: (일본군과 맹렬하게) 계속 공격하라! 한 척도 그냥 돌려보내지 말라!

물살을 타고 공격하는 조선군에 순식간에 수십 척의 일본군 배가 부서진다. 공격을 피한 일본군은 좋아오는 조선군을 피해 도망친다.

군사들: (일제히으로) 우리가 해냈다! 우리가 이겼다!

이순신의 용맹한 눈 C.U.
시나리오임을 알 수 있는 부분(촬영에 필요한 특수 용어)

▲ 명량 바다에서 일본군을 무찌르고 조선군이 승리하였다.

1 이순신 2 울돌목 3 바다

1 (1) 희곡 (2) 시나리오 2 (1)② (2)① 3 (1)ⓒ (2)㉠ (3)ⓛ
4 ③   5 한들   6 예시 답안 참고

글의 종류 파악하기

1 글 ⑦는 '이루어졌던 무대가 서서히 밝아지며'라는 부분에서 희곡이라는 것을 알 수 있고, 글 ⑭는 'S# 97', 'S# 98', 'C.U.'와 같은 특수 용어를 통해 시나리오라는 것을 알 수 있다.

중심 내용 읽기

2 글 ⑦는 이순신 장군이 장수들과 함께 명량 대첩을 준비하며 작전을 세우는 장면이고, 글 ⑭는 조선군과 일본군의 명량 대첩 전투 장면이다.

시나리오의 특징 읽기

3 ㉠'바다 위에 이순신의 배가 떠 있다.'에는 공간의 제약이 거의 없는 시나리오의 특징이 드러나 있고, ⓒ'일본군이 함대는 그 수가 많아'에는 등장인물 수의 제약이 적다는 특징을 알 수 있다. ⓒ의 'C.U.(Close Up)'는 이순신의 용맹한 눈을 화면에 크게 나타내라는 뜻의 특수 용어이다.

인물의 마음 파악하기

4 지문은 인물의 표정이나 행동, 말투 등을 지시하는 글이다. 오랜 시간 바닷물의 흐름이 바뀌기를 기다렸던 이순신 장군이 "드디어 때가 왔다!"라고 말하며 공격을 명령하는 장면이므로 ㉮에는 ③이 들어가는 것이 어울린다.

연극과 영화의 특징 읽기

5 글 ⑭는 영화 상영을 목적으로 하는 시나리오이다. 영화는 등장인물이 수나 장소 등에 제약을 거의 받지 않기 때문에 '일본군이 함대의 그 수가 많아 바다를 다 덮은 것처럼 보인다.'라는 해설을 성우가 읽는 것은 알맞지 않다.
글 ⑦가 희곡이라면 해설을 통해 장면을 설명할 수 있다.

6 예시 답안 S# 10. 바닷가 / 밤
이순신이 달밤에 홀로 바닷가를 거닐고 있다. 이순신의 표정에는 근심이 가득하다.

이순신: (크게 한숨을 쉬며) 하, 어찌하면 많단 말인가! 우리가 가진 것은 고작 열두 척의 배이고, 병사들은 벌써 겁을 상실했으니……

비장한 음악이 흐르면서 카메라가 … 담 C.U.

이순신: (결의에 찬 표정으로) 반드시 방법이 있을 것이다. 죽기를 각오하고 해 보자!

:)	해설: 지문, 대사를 시나리오 형식으로 상황에 맞게 바꾸어 썼습니다.
:|	해설: 지문, 대사 중 한두 가지만 시나리오 형식으로 상황에 맞게 바꾸어 썼습니다.
:(	해설: 지문, 대사 모두 시나리오 형식으로 상황에 맞게 바꾸어 쓰지 못했습니다.

머묾

달곰한 문해력 기본서 초등 6단계 B

펴 낸 날	2024년 11월 15일(초판 1쇄)
펴 낸 이	주민홍
펴 낸 곳	(주)NE능률
지 은 이	NE능률 문해력연구회
개 발 책 임	장명준
개 발	김경민, 유자연, 이은영, 이해준
디자인책임	오영숙
디 자 인	조가영, 한새미
제 작 책 임	한성일
등 록 번 호	제1-68호
I S B N	979-11-253-4892-4

대 표 전 화	02 2014 7114
홈 페 이 지	www.neungyule.com
주 소	서울시 마포구 월드컵북로 396(상암동) 누리꿈스퀘어 비즈니스타워 10층